拈花一笑醉流年

他乡有爱

INSIGHTS ON LIFE

王华 ——

著

团结出版社

序

　　这是一本温暖的小书，适合放在床头，闲暇时翻阅。作者以独特的视角和您一起寻找古今中外文化之美，反思当下，点评当今社会热点问题

　　穿越千年历史，作者带您游走于古代盛产美女和侠士的故乡，一起重温"道之所在，虽千万人吾往矣"的侠士精神，追寻王的后裔，领略中国古建筑之美，感受汉文化的巅峰之作，探寻民族性格演变之谜。从古代回到海外，寻觅遗失在海外的华人传统，以管理和文化的角度对比解读他乡。回到当下，一起关注时下文化道德的滑坡，努力拨开迷雾，找到乱象背后的秘密。期待引起您的反思与共鸣。

目 录

梧桐花开
——美女的故乡

　　我的故乡是北方一座悠闲的小城。大学毕业后，因在南方安了家，也时常把父母接出来，所以就很少再回去了，但故乡的影子却时常萦绕在心头。每到春季，偶尔阴天，独自一人，我常常思念故乡那一树一树的梧桐花开，粗大的树干，常有一人合围，一条街一条街整整齐齐，白色与淡藕荷色相间的花瓣，坠满枝头。街两旁的梧桐，夏季会搭成浓密树阴，春季就是花的海洋。

　　在上古时代，我的故乡生活着炎帝族"地"和"墠"两个古老的原始部落。"地"和"墠"二字后来演变成"邯郸"，原始部落的聚居区，就称为邯郸，这个称谓历经几千年流传到了现在，依旧没变，是个非常古老的中原地名。早在 3000 多年前，商纣王时期，商王朝就在邯郸建立了离宫别馆。这里距离商纣王首府安阳市只有 63 公里，距离《史记·殷本纪》中记载："大聚乐戏于沙丘，以酒为池，县（悬）肉为林，使男女倮相逐其间，为长夜之饮。"的沙丘宫，今河北广宗县 113 公里。2700 年前春秋时期邯郸慢慢兴旺，到战国和西汉发展到繁荣阶段，东汉以后逐渐衰落，前后兴旺长达近 1000 年之久。赵国首都邯郸也曾是当时著名的五大名都，其繁华富庶的程度，仅次于洛阳，位居全国第二大城市。当地不仅富庶，而且民风尚好，"路不拾遗"的典故（故事发生在唐朝）即出自邯郸。那时邯郸的男男女女个个自信优雅，仪态万方，所以有"邯郸学步"这样的成语流传于世，可见当时的人们对于邯郸有多么向往。

邯郸出美女是当地一个非常古老的传说，妇幼皆知。邯郸大概是中国有历史以来第一个出美女的故乡。一代枭雄曹操在定都洛阳以前，曾长期生活在邯郸临漳县——古时称邺城。他在邺城修建了著名的铜雀台、冰井台、金虎台。"铜雀春深锁二乔"中的"铜雀"便是指这里的铜雀台。在高度相当于现代 15 层楼高的铜雀台里，曹操网罗了天下的美女。后赵第三个国君石虎，更是把铜雀台建至让人匪夷所思的程度。据说当时的邺城远在六七十里以外就能望见，亭台巍峨，丹青一片，望之有如仙居。盛传铜雀台里内藏美女一万余人。可惜邺城后被隋朝的杨坚下令焚毁，烈焰月余未尽。自曹魏以来 400 余年的六朝古都化为一片废墟。

对于当时邯郸的女子，汉代《古诗十九首》记载："燕赵多佳人，美者颜如玉"，《吴楚歌》记载："燕人美兮赵女佳，其室则迩兮限层崖"，曹植《名都篇》诗说："名都多妖女，京洛出少年。"名都指邯郸，司马迁《史记·货殖列传》中说"山东多鱼、盐、漆、丝、声色"，这里的山指太行山，声色，即美女。即太行山以东盛产美女，太行山以东即华北平原，古时燕、赵领地。当地的风俗是"女子则鼓鸣琴，跕屣，游媚贵富，入后宫，遍诸侯"。

"倾国倾城""翩若惊鸿"这样的成语也出自我的故乡，分别形容燕赵两大美女 ——李夫人和让曹氏父子三人神魂颠倒的绝世美女甄宓（洛神）。地处中华文明的发源地，邯郸典故成语颇多，我们所熟知的成语中就有 180 个来自邯郸，所以邯郸也号称"成语之乡"。

为什么邯郸是历史上第一个出美女的故乡？这很有趣，大概因美女是稀缺资源，一般都集中在经济发达地区。自春秋至汉，在长达 1000 年的历史中，邯郸都是繁华富庶之地，集中了大量的美女资源，一代又一代，基因好。还有一个原因，从基因进化的角度来说，地域相远的人种结合，有利于产生美女。混血儿总是很漂亮。欧洲之所以美女多，也是因为欧洲战乱多，不同民族、人种融合，有利于基因进化。邯郸地处河南、河北、山东、山西四省交界之地，历来是兵家必争之地。不同地域人种的融合，也有利于产生美女。

赵被秦灭国后，邯郸一度空城，赵国一部分贵族迁徙到了四川，从事冶铁业，曾一度带旺了当地的经济发展。如今四川出美女，其中有一部分也许就是我的故乡邯郸美女的后裔。

2005 年 5 月 6 日

侠士风骨

　　"士"是读书人的称谓，称得上侠士的人都是读书有成，文武兼备之人。侠士重信义——言必行，行必果，一诺千金，重操守——不自夸自己的才能，不议论别人的短处，"绝交不出恶声，去国不洁其名"，拥有"道之所在，虽千万人吾往矣"的气魄。何等狂狷豪迈！何等风流洒脱！

　　这样的侠士精神在当下的社会显得尤为让人向往。

　　历史上燕赵大地曾是盛产侠士的地方。赵国的文化源出三晋，而晋国正是中国古代法家智谋与豪侠勇武的发源地。晋国地域上靠近胡人，战争频繁，不同民族与各自文化的不断相互融合，形成当地民众特有的彪悍少虑，"其民无不吹竽鼓瑟"。赵国的首都邯郸原为赵夙的后代赵午的封邑，时称"邯郸午"。在迁都邯郸前后，赵地就曾出现了几位赫赫有名的侠士。

赵朔时代，赵氏被灭族，遇到大难。赵氏门客中公孙杵臼和程婴二人为保护赵氏遗孤，程婴献出自己才出生的儿子，由公孙杵臼带走，佯装是赵氏遗孤。程婴主动告密，追兵赶上并杀死了程婴的儿子和好友公孙杵臼。程婴背负骂名，用告密赏赐的黄金把已抄斩的赵氏一家300口，买棺入殓。随后远走他乡，含辛茹苦把赵氏遗孤赵武养大，在赵武被重新封为大夫以后毫不犹豫自杀而死。

到赵鞅之子赵襄子时，赵地又出现了一位大侠豫让。豫让为知伯荀瑶的家臣。赵襄子与韩、魏合灭了荀瑶而三分其地。豫让吞炭把自己的声带变哑，用漆涂抹身体使皮肤腐烂，前后两次刺杀赵襄子为荀瑶报仇，就连赵襄子都感动得喟然叹息而泣。豫让未能杀死赵襄子，示意性地剑击赵襄子的衣服，而后伏剑自杀。

豫让死后，赵国志士闻之，皆为涕泣。自此以后，侠义之风在赵地就成了一种传统。自豫让之后260余年，燕地又出了一名大侠荆轲，荆轲刺秦王的故事，被千古传唱。

这些令人敬仰的侠士"十步一杀人，千里不留行，事了拂衣去，深藏身与名"，个个"立意皎然，不欺其志"，生不苟合，死不苟且。为了保全这个志向，像程婴等侠士甚至在完成使命之后也要自杀而死。做侠士最重要的不是敢于去拼死，而是敢于在值得的时候自己杀死自己。这样一种人生，感天地、泣鬼神！

　　战国时，各国都有养士的风气。《汉书·地理志》记载，"初，太子丹宾养男士，不爱后宫美女，民化以为俗，至今犹然。宾客相过，以妇侍宿，嫁娶之夕，男女无别，反以为荣。后稍颇止，然终未改"。这里记载的史事十分有趣，在蓟地，就是现在的北京，燕太子丹喜欢养士，并给予贵宾礼遇，对于后宫佳丽却很怠慢。传入民间，就成为社会上的一种风俗。有远方的朋友来拜访，主人竟献出自己的妻妾来招待对方以表示自己的诚意，结婚的当晚，也不例外，男人和女人都不觉得羞辱，反而引以为荣。

　　四公子之一，大名鼎鼎的赵国平原君赵胜，有门客几千人。他的一位美妾在赵王城中一座高楼上，有一次见一位跛脚的门客步履蹒跚地去提水，就笑他。这位门客找到赵胜，请求赵胜杀了这位轻薄的美妾，赵胜尽管不忍，但还是杀了这位美人。

　　遥望故乡，我为那里曾经出现的侠士文化和养士传统，感动莫名！

2005 年 5 月 8 日

群星闪耀的故乡

　　故乡的历史很悠久，悠久到 7000 多年前地球大部分地区还处于荒蛮、蒙昧时期，那里就出现了人类文明的踪迹，有新石器磁山文化为证（1972 年发掘于我的故乡邯郸武安县磁山镇）。

　　在漫漫历史长河中，第一个登上舞台的是女娲。在故乡涉县群山峻岭间的一座悬崖峭壁上，有座堪称奇迹、北齐建造的娲皇宫。据说是为了纪念女娲补天的功绩而建。关于神话中的女娲补天，现代地质研究员王若柏发现山西、河北一带远古时曾发生过大规模陨石雨。从陨石雨的角度倒是很好解释远古时传说的天崩地裂、洪水泛滥。女娲、伏羲因居住地地势较高，存活下来。传说中的女娲补天大概是用祭祀的方法乞求上天保佑人类平安。

　　接下来名气最大的当数 2200 年前的千古一帝秦始皇。秦始皇从小生长在邯郸，他的母亲是赵国的美女，本是商人吕不韦的爱妾。他的父亲异人在邯郸做秦国人质时，结识了颇具政治头脑的吕不韦。吕不韦不仅把爱妾赠给他的父亲，最终还帮助他的父亲登上了皇位，自己也坐上了秦的相国，得到了秦半壁江山，这就是典故"奇货可居"的来历。秦灭赵时，曾发生中国历史上最惨烈的战争——长平之战，秦用反奸计，使得赵王把作战经验丰富的名将廉颇换成只会理论毫无实战经验的赵括挂帅，结果大败，40万赵军，全部被秦军活埋。这一战留下了史上著名典故"纸上谈兵"。秦始皇统一中国后定都咸阳，第5次出巡时，死在邯郸附近沙丘的路上。

　　故乡的第三位名人当数1859年前的一代枭雄曹操。曹操在定都洛阳之前曾在邯郸临漳县——古时称邺城，生活了16年，"挟天子以令诸侯"。邺城是当时实际的全国政治经济文化中心（邺城作过曹魏的"陪都"，后赵、冉魏、前燕、东魏、北齐五个王朝的国都，史称六朝古都）。曹操在这里修建了著名的铜雀台、金虎台、冰井台。当年曹氏父子与"建安七子"登台赋诗，传为千古美谈，创建了风骨铮铮的"建安文学"。唐代诗人杜牧在"东风不与周郎便，铜雀春深锁二乔"的美好诗句中所提到的"铜雀"便是这里的铜雀台。

　　故乡的第四位名人是战国时期的赵武灵王，他推行了胡服骑射，增强了国力，使得赵成为实力仅次于秦、齐的军事强国。家喻户晓的还有和他同时代的名将廉颇，廉颇是赵国能征善战的著名将领。史料记载廉颇率军征战，守必固，攻必取，几乎百战百胜，威震列国。完璧归赵事件后，赵王"以相如功大，拜为上卿"，地位竟在廉颇之上。廉颇对蔺相如封为上卿心怀不满，认为自己作为赵国的大将，有攻城野战、扩大疆土的大功，而地位低下的蔺相如只动动口舌却位高于我，叫人不能容忍。他公然扬言要当众羞辱蔺相如。蔺相如知道后，并不想与廉颇去争高低，而是采取了忍让的态度。后来廉颇醒悟，颇为惭愧，亲自背着荆条向蔺相如请罪，这就是史上著名的将相和"负荆请罪"的典故。

故乡的第五位名人为一代豪杰项羽。著名的巨鹿之战，楚将项羽渡过邯郸漳河时，为决一死战，把锅砸了，舟毁了，营房烧了，身边只带三天干粮，最终大败秦军，留下"破釜沉舟"的佳话。

我们所熟悉的历史名人还有秦朝奸臣赵高、战国时期著名辩学家公孙龙、战国名贤段干木、治理邺城的西门豹、著名思想家荀况（荀子）、赵国名臣平原君、安边定策的大将军李牧、两汉之际的野心家王莽、东汉风云人物袁绍、东汉才女蔡文姬、后赵高僧佛图澄、后赵暴君石虎、东魏农学家贾思勰、东魏北齐创始者高欢、兰陵王高肃、北齐名将斛律光、北齐后主高纬、唐朝名相狄仁杰、犯颜直谏的名臣魏征、镇边将军郭远振、宋初文学家柳开、刚直激愤的寇准、金朝文学家赵秉文、元代理学家窦默、明朝边将王世扬、清初教育家颜元、古史考辩学家崔东壁、清末才子王琴堂、杨氏太极拳宗师杨露禅……

　　这是一片令人称奇的土地，竟然承载了那么多星光灿烂的历史人物。那些曾经的丰功伟业、王者霸气、一世英名、风流倜傥、缠绵悱恻、凄美悲壮，说不完，道不尽。这里每一寸土地、空气里都弥漫着历史的尘埃、典故。这是一座有故事，有味道的小城，无论身在何方，总是让人魂牵梦绕。

2005 年 5 月 12 日

追寻王的后裔

　　王姓是个古老的姓氏，现如今全国王姓总人口已达 9248 万，占全国总人口的 7%。汉族的王姓除少数赐姓外，大多出自姬姓、子姓和妫姓。姬姓和子姓在血统上更接近，姬姓的始祖可上溯到后稷，子姓的始祖可上溯到契。后稷和契本为亲兄弟，同父异母，其父都为三皇五帝之一的帝喾。后稷为帝喾元妃姜原所生，契为帝喾次妃简狄所生。他们都是黄帝的长子玄嚣的曾孙，属于黄帝显赫的长子一脉。契的第 14 世孙汤创建了商朝，后稷的第 15 世孙周文王创建了绵延 800 年的周朝。妫姓的始祖可以上溯到虞舜，为黄帝次子昌意一脉，为黄帝的第 8 世孙。再往上溯，就都是黄帝的传人了。黄帝共生 25 子，汉族王姓除少数赐姓外，大致来自其长子和次子两脉。

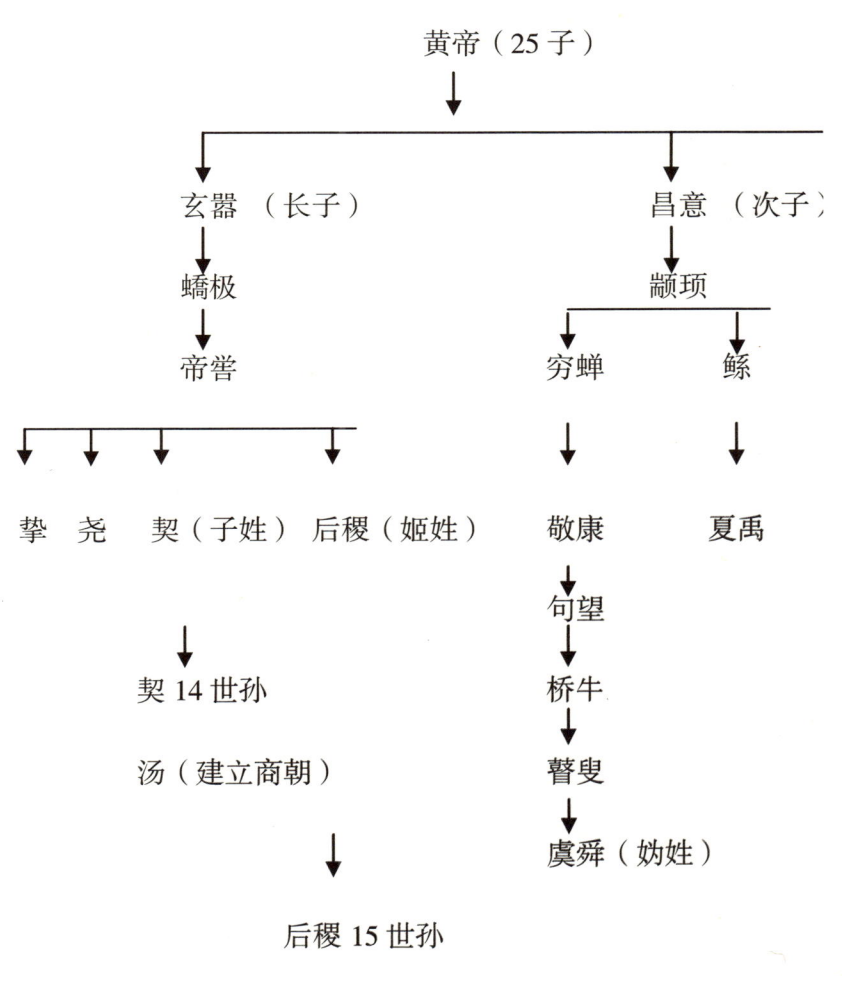

黄帝共生 25 子，汉族王姓除少数赐

姓外，大致来自其长子和次子两脉

一、出自妫姓，黄帝次子昌意一脉

当初舜与两位夫人共住妫水流域，其后代就以"妫"为姓。周朝灭商后，实行分封制度，作为先圣先贤的后人妫满被封在了陈，爵位为公。陈国君主传了 10 代，后来发生动乱，其中一位后人就逃到了齐国，并把自己的姓氏也改为了田。270 年后，田和取代了齐康公，成为了齐国的君主。184 年后，到齐王田建时期，齐国被秦国灭，之后迁到了河南共县（今河南辉县），他的儿子在反秦风暴中被项羽封为济北王，项羽失败后，田建的子孙后代便以"王"作为自己的姓氏了。

二、出自子姓，黄帝长子曾孙契一脉

殷商王子比干，因屡次劝谏纣王，被刨心而死。比干被杀后，他的子孙世代为他守陵。同时为了纪念他，便改以"王"为姓氏了。

三、出自姬姓，黄帝长子曾孙后稷一脉

出自姬姓又源出四支

1. 出自周平王的太孙赤之后。平王去世后，赤继位，不久被胞弟推翻，无奈出奔晋国，其子孙为纪念其身份，改姓王。

2. 出自王子城父，王子城父是周桓王 (林) 第二王子，生于周桓王三年甲子，原为东周都城洛邑王城的城父，故尊称为"王子城父"。王子城父因避王室之乱奔齐，后被齐相管仲（公元前 724 – 前 665 ）举荐为大夫，累迁大司马，遂定居齐国都城临淄。其子被周天子赐姓王氏，其子孙便以王为姓。事载三国时期曹魏国的《王基碑》及唐时期韩愈的《王仲舒神道碑》，并见于史籍《左传·文公十一年》。

3. 出自周文王第十五子毕公高后代，子孙多居住在京兆、河间一带。毕公高是周武王的弟弟，周初时，他被封于毕（今陕西咸阳西北 ），为公爵，故史称为毕公高。春秋时，其裔孙毕万自毕国出奔晋，为司徒，并被分封于魏，改姓魏。传至魏文侯斯，与赵、韩三国瓜分晋国。魏氏建立的魏国始终是战国的七雄之一。公元前 225 年为秦所灭，其子孙四散，因是王者之后，也都被称为王家。

4. 出自周灵王太子晋的后人。据《新唐书·宰相世系表》所载，周灵王太子晋直谏被废为庶人，其后人由咸阳迁居于太原，时人号称王家，因以为氏。为太原王氏鼻祖。

太子晋是一位颇有才华的王室贵族。15 岁时就能言善辩，对来访使臣唇枪舌剑。他是中国历史上第一位具有太子身份而没能够继承王位的人。

　　这一支王姓后裔为黄帝长子，长玄孙，周室正宗太子的后裔，血统相当高贵。其后人也最为兴盛发达。太原王氏共有五个著名支脉：琅琊王、开闽王、太原王、三槐王和静升王。

　　太子晋第 16 代后裔王翦祖孙为秦国名将，在统一六国中，除韩国外，其余 5 国均为其所灭。包括之前提到的齐国和魏国，多有趣的历史，这相当于同室操戈。

　　太子晋第 18 代孙王离，与项羽会战，兵败自殉。其长子王元为避战乱迁往山东琅琊，这一支号称琅琊王。在两汉魏晋时期发展为豪门望族，这一支王姓开基于两汉，鼎盛于魏晋，绵延至唐末。有人统计过，700 年间出过 9 个皇后，13 个驸马，92 个相国。

　　琅琊王分出一个支脉，王翦第 34 代孙王潮兄弟三人在唐末统一了福建，被封为闽王。这一支又被称作开闽王。福建一支王姓后裔后迁居广东。"开闽王氏"是闽粤、港台及海外大多数王氏所共祖的著名望族。这一支鼎盛时期在唐末五代时期。

　　王离的次子威两汉时做过扬州刺史，他的后裔仍居住在太原晋阳，号称太原王氏。这一支从魏晋到唐朝都非常显赫。单唐一代出了 7 个相国，琅琊王氏出了 4 个相国。

　　太原王氏又分出两个支脉，三槐王和静升王氏。三槐王鼎盛时期在五代末和北宋时期。这一支目前人数众多。三槐王的始祖为王佑，长子懿的后裔分居于浙江宁波，次子旦的后裔分居于江苏常熟、苏州各地，季子旭的后裔分居于昆山，后辗转福建各地、沿海和南洋各地。

静升王氏鼎盛时期为明末、清康熙、乾隆、嘉庆年间。虽不及琅琊王氏般辉煌，也算顶级豪门望族，集仕、儒、商，三位一体。六百年间其五品至二品官员也达 101 人，著名晋商，全国票号无数。现在在山西静升镇还保有号称山西紫禁城的王家大院。

2013 年 8 月 20 日

中国古建筑之美
——王家大院

　　山西的王家是明清时期的名门望族，距今有六百多年的历史，曾出过 9 个举人，14 名进士，康熙、乾隆、嘉庆年间鼎盛时期五品至二品官员多达 101 人。经商做官之地，几乎遍及全国，商业票号，不知其数，仅静升一地就遍及五里长街。

　　这样显赫的家世，使得王家大院自然品位超凡，比起国内岭南四大名园（顺德清晖园、佛山梁园、番禺余荫山房、东莞可园）、苏州四大名园（沧浪亭、狮子林、拙政园、留园）显得霸气十足，不仅规模气势宏大，而且建筑艺术水准也登峰造极。但凡游览过王家大院的文人墨客，无不对这组建筑群一见钟情，毫无例外地，都把最华美的赞誉献给这座凝聚着高品位主人的意志、情趣、智慧、温情的大宅院。

　　王家大院号称五堡、五巷、五祠堂，选址建在静升镇唯一的高坡上，居高临下，符合风水上讲的"负阴抱阳"。鼎盛时期总建筑面积占地 25 万平方米，比北京的紫禁城住宅面积还大 10 万平方米，为故宫总占地面积的 1/3。山西晋商实力可见一斑。王家大院五座堡群建造之初分别以"龙、凤、虎、龟、麟"五种灵兽建造，以图天机。红门堡居中为"龙"，高家崖堡居东为"凤"，西堡子居西为"虎"，三者横卧高坡，一线排开，态势威壮，盛气十足。东南堡为"龟"，下南堡为"麟"，二者辟邪示祥，富有稳家固业传世之寓意。今天开放的红门堡和高家崖堡取意为龙凤呈祥。这两个堡共有大小院落 123 座，房屋 1118 间，占地 4.5 万平方米，据说鼎盛时期有 8000 间。

　　每一个到过王家大院的人，首先被震撼的是那巍然高耸、气势恢宏的城墙。仅红门堡一个堡的闭合围墙就长达 625 米，城墙的最高处可达 28 米，相当于 9 层楼高。这哪里是一般宅院的概念，映入眼帘的分明就是一座城池。

　　现如今开放的高家崖堡（凤），占地 1.9542 万平方米，共有 35 座院落。东中西并列六路，中部的三路院落为主院，西部的二路为书院和花园，东部的一路为厨房院。中部主院三路的左右两路为三进院，建筑高大堂皇，气势恢宏。左右之间的夹院，是孩子读书上学的书塾。西部的书院，花园建筑尺度不大，比较平素淡雅。厨院位于东部。在主院之后是全堡最高处。上面筑有一排16孔窑洞房屋，居高临下专供家丁保卫、守望和居住。高家崖用于读书、讲学、修身、养性的书院、书房、书塾、精舍和花园有7处之多，占这个堡的1/4以上面积。清静的环境，散发着浓浓的书卷气息。

红门堡（龙）占地2.5万平方米，地形方正，东西宽139米，南北长180米。由三条横巷，一条竖巷构成。从空中俯瞰，恰好构成一个"王"字。中间的一竖是主干道，全是用大块鹅卵石铺筑而成，十分粗犷。这条主干道也担负着排洪的功能。除了暗含一个"王"字，红门堡的建筑结构也隐一条龙图，这条主干道就是龙身，大块鹅卵石就是龙鳞，横巷为龙爪，两处水井为龙眼，逶迤在高处的俯门为龙尾，富丽堂皇的大门为龙首。宅院主人希望自己的后代龙生王家，千秋万代。这是一座被深刻祝福的建筑群，大气之作，浑然天成。

从这两组建筑群中，你可以静静地体味古人所追求的修身、齐家、治国、平天下的情怀。

建筑是空间的艺术，王家大院选择了一土坡依山而建。平添了空间的起伏变化，静中寓动，避免了平面呆板。偌大堡群，错落有致，层次分明。站在红门堡的阁楼上，一座座房屋的天际线连成一片，像一道道五线谱。雕成龙首的烟囱，像跃动的音符，极富美感。祖姓"王"字和"龙"图不动声色暗含在红门堡的建筑结构里，这种建筑设计真是令人拍案叫绝。

这座鸿篇巨制的建筑群从选址、立意和布局上一出手就显出非凡品位，处处彰显霸气。

建筑更是装饰的艺术，在王家大院，装饰无处不在。如窗，大都镂花窗芯，雕刻成各种内涵丰富的木棂画，如"鲤鱼跳龙门"寄予望子成龙，"一瓶清莲"隐喻高官清廉，"鹿鹿相通"寓意仕途通达，"麒麟送子"期盼天降贵子，或"松竹梅兰""琴棋书画"反映主人闲情雅致，构图简洁明丽、清新淡雅。

大门口通常由石狮子、上马石、拴马桩和一个大照壁构成，一起构成高门大户、门禁森严的气势。砖雕的大照壁，通常下有基座，中有壁身，上有斗拱檐口及四阿瓦顶。大门两侧墙上镶嵌着砖刻高浮雕。大都以蝠、鹿、鹤为题，象征着国人所追求的福、禄、寿，吉祥纳福。门槛石或门敦上也常常以质地柔细的石头雕刻成30厘米高的小件精品，如马上骑个小猴子，寓意"马上封侯"；大猴子与小猴子，寓意"代代为侯"；大狮子与小狮子，寓意"世世为王"。门口的石狮子基座有时也雕刻成琴棋书画、八吉祥、八宝、八仙。建筑里的斗拱、雀替、挂落、栋梁、照壁、廊心、柱础石、额匾、帘架、门罩也都分别以木雕、砖雕、石雕装饰着，图案丰富，技法精湛，小中见大，内涵深刻。

匾额楹联上的文字"敦厚""凝瑞""精励""情芬""绵世德""清静思远""养正书塾""诗礼传家""静以修身俭以养性，入则笃行出则友贤""德高言乃立，义在利斯长""善读水底鱼戏月，方悟枝头鸟谈天""一帘花影云拖地，半夜琴趣月在天"，将书法美与雕艺美融为一体，其意含蓄隽永，清新高雅，意蕴深远，让人不禁驻足欣赏，深思玩味。从高家崖到红门堡的门有188道，门无雷同，各有千秋，或繁或简，千姿百态。貌似随心所欲，实则有规有矩，都是严格按照封建等级礼制、阴阳八卦方位而建。在如此复杂多变的深宅大院里，主仆起居习俗，多有规矩，不可逾越。

这里无论是动是静，或隔窗凝视，或曲径徘徊，或登高远望，处处皆景；或玲珑、或萧疏、或幽深、或博大，处处体现诗情画意。在这里，你可以遐思历史，玩味雕塑，欣赏建筑，研习风水，体味园林美学，品读诗歌，直观等级森严的礼制。

这就是古人的建筑，充满东方智慧、美感和祝福的建筑。文化的元素随处可见，历经岁月，依旧灿烂辉煌，令人陶醉、流连不舍。

2013 年 8 月 25 日

这就是古人的建筑，充满东方智慧、美感和祝福的建筑

谜一样的宋朝

深圳原是中国边陲小镇，在中国上下 5000 年文明史中，一直默默无闻。由于近 30 年施行改革开放才繁华至极，一夜之间成为国内一线发达文明城市。市内高楼林立，古迹寥寥，唯一值得一提的是位于深圳蛇口赤湾的宋少帝墓。

早在 1000 年以前，宋军与元军在崖山（今广东新会南崖门镇）一带决一死战，传双方共投入 30 余万兵力，战船千余艘，这就是历史上著名的"崖门海战"。最终宋军被围，断粮断水，激战 20 余日，全军覆没。左丞相陆秀夫背起年仅 9 岁的小皇帝赵昺投海自尽。

史载"后宫诸臣，从死者众""越七日，尸浮海上者十万余人"。

在全国，无数宋朝子民得到国家正式亡国的消息，悲痛欲绝，为深爱的祖国自杀殉国。史载"举家自尽，城无虚井，揽林木者，累累相比"。

那是怎样悲愤、壮怀激烈的场景！惊天地，泣鬼神！

数日后，有一黄袍少年从海面飘至赤湾，被当地居民认出后，厚葬于此，这就是宋少帝墓的来历。赤湾距离市中心相隔较远，平日人迹罕至，知道少帝墓的人并不多。少帝墓临海而建，规模不大，以皇家墓陵来说，显得颇为简陋。少帝墓面朝大海，每日默默地守望着看似平静的海面。波涛轻轻地拍打着岸边，似在低低哭泣这个古老帝国，在千年以前曾拥有的全世界最璀璨的文明，和无数忠贞子民不屈的英魂。

宋朝灭亡，不是中国历史上一般意义的朝代更迭，而是中国汉民族第一次整体性亡于游牧民族。古典意义的中国随着南宋的灭亡就截止了，日本史学界称"宋亡之后无中国"即出于此。南宋灭亡之时，10万军民在崖山跳海壮烈殉国，消息传到日本，日本"举国如素"来哀悼大宋的灭亡。元世祖忽必烈因日本此举，且倭主不来朝贡，于是造船7000艘往攻，途中船队遇飓风来袭，全部遇难，日本从此将此风称作"神风"，二战中"神风敢死队"即出自这个典故。明亡之后，朝鲜和日本认为中国已亡，日本一度称中国为"支那"。明治维新后，自认为华夏正统的日本曾打着"攘夷主义"的旗号对清宣战，发动甲午战争。唐、宋、明时，作为对中华文明衷心倾倒的两个附属国——日本和韩国，至今还因宗主国文化沦丧而对中国存有偏见。宋朝在历史上到底是怎样一个朝代呢?

2004 年诺贝尔经济学奖得主、美国经济学家爱德华·普雷斯科特在中美新市场（北京）论坛发表《克服国富的障碍——经济政策与经济周期》的主题演讲时说"宋朝的时候，中国很富裕，比世界平均水平富裕一倍"。

美国斯塔夫里阿诺斯在《全球通史》中说:"宋朝值得注意的是，发生了一场名副其实的商业革命，对整个欧亚大陆有重大意义。其根源在于中国经济的生产率显著提高。技术的稳步发展提高了传统工业的产量，水稻早熟品种的引进，经济活动的迅速发展还增加了贸易量，中国首次出现了主要以商业，而不是以行政为中心的大城市，尤其是宋朝，对外贸易量远远超过以往任何时期。"

英国剑桥大学李约瑟研究所名誉所长、英国科学院院士李约瑟博士认为宋代文化和科学达到了前所未有的高峰，其在《中国科学技术史》中说: "中国的科技发展到宋朝，已呈巅峰状态，在许多方面实际上已经超过了 18 世纪中叶工业革命前的英国或欧洲的水平。"

日本学者薮内清在《中国·科学·文明》中说: "北宋时代儒学方面兴起了后来被称作宋学或朱子学的新儒学。"新儒学讲究由心而发，格物致知，在文学艺术和社会生活方面产生了深远影响。如苏轼认为："书必有神、气、骨、肉、血，五者阙一，不为成书也"，强调书法的精神气度。他还认为，"我书意造本无法""自出新意，不践古人。"

这是什么概念？中国宋朝的科技文明领先西方 500～600 年，几乎一脚踏入资本主义，是世界上最富裕、最文明的国家，宋代有一切理由视其他族类为蛮夷之邦，这一切都发生在蒙元铁蹄入侵的前夜。

开国皇帝宋太祖赵匡胤当年趁后周继任皇帝年幼，被一帮部下黄袍加身篡得了皇位。执政之初，因深恐部下也如法炮制，和宰相赵普商量过后，为长治久安，采取"杯酒释兵权"的办法，收回了亲信大将的兵权。从开国之初，采取重文轻武的政策治理国家。

一个富裕而又不重视军事的国家，必然被其他文明所窥觑，所以屡屡被周围游牧民族骚扰。宋朝在历史上是唯一一个需要朝贡的朝代。疆域最小，一度只有半壁江山，常被称作弱宋。弱宋是指军事，除军事外，宋朝在政治、经济、文化、科技、民生方面都达到了那个时代的巅峰状态。

唐宋八大家有六位出自宋朝：苏东坡、苏洵、苏辙、曾巩、王安石、欧阳修，此外还有一个个如雷贯耳的大名如范仲淹、陆游、文天祥、辛弃疾、岳飞、司马光、包拯、寇准……也都出自那个朝代。他们为后人留下千古佳作，其才华、事迹、爱国情操激励着无数后人。

中国古代四大发明中有三大发明皆出自于宋代，分别是火药、指南针、印刷术。宋代是充满活力和创造力的朝代。这些跨时代的发明极大地促进了航海事业，对外贸易，文化传播。文化进入前所未有的繁盛期。发达的航海事业和对外贸易为宋代积累了大量的财富。

中国的农业在宋代基本成形。大力兴修水利建设，农作物由唐代的一年一季，到宋代的一年两季，水稻亩产翻番，生产效率大大提高。

宋朝的财政收入比元、明、清各朝总和还多，比世界平均水平富裕一倍。

如此富裕文明，这一切源于宋朝有良好的科举制度。科举制度自隋朝建立以来，发展至宋朝，这项考试选拔制度在各方面都日臻成熟。考试题目以儒家经典为主，常以时政为题，自由发挥，考试后的文章会集结出版，几无作弊的可能。无论你是贫民还是权贵子弟，只要是真才实学，都站在同一起跑线上，相对科学公平。此举可以改变"上品无寒门、下品无士族"的现象。不但可以在更广范围的民间选拔人才，还避免世族把持朝廷人事，影响皇帝的权力。每个人都可以通过自己的努力改变自己的命运，这是社会公平的体现，有利于选拔真正的人才和维护社会的稳定。

相比之下，明代的科举制度采取种种限制，例如必须采用八股文体，必须遵循朱熹的《四书集注》解释，对思想颇多束缚。蒙元和满清因采取民族歧视政策，蒙人和满人享有特权。尽管为统治汉人，也有科举制度，但那是为汉人准备的，早已走样。故而只有宋朝才可以选拔出这么多旷世奇才，不仅留下传颂千古的名篇佳作，而且政治清明，思想包容，把科技、文化、商业推至世界同时代的巅峰状态。

宋代的高度文明还来自于发达的谏官制度。中国是高度集权国家，为防止皇上决策出现偏差，自秦以来，一直有谏官制度。谏官由年轻位卑者担任，给皇上挑毛病，言而无罪。皇上杀谏官显得气度太小，但冒犯皇权还是有一定风险，皇上也可以以此考察其他官员是否敢言。

"为官应直谏，为史应直书"是我们历代知识分子所推崇的正直品格。不知从何时起我们的骨子里奴性十足，充满圆滑事故的保命哲学？

优秀的制度，才能选出真正的贤能之士。让我们看下 1000 年以前，宋朝优秀文人治理下的国家是什么样子的。《中国大历史》

中是这样描述宋朝的，"历史进入了宋朝就好像从古代进到了现代"。如果你是一个宋朝人，你的生老病死都会得到宋朝国家福利政策的照顾。

1138 年 5 月，宋朝政府在全国范围推行《胎养助产令》，怀上婴儿的妇女和腹中婴儿享受国家法律保护，生下来之后，政府还要资助贫困家庭的父母"有不能养育者，（政府）给钱养之"。杀婴被宋朝人认为是天理不容的大罪，弃婴则全部被国家收养。

《开庆四明续志》卷 7：宋朝皇上下令"天下诸州建慈幼局"。次年又颁诏谕："朕轸念军民，无异一体，尝令天下诸州置慈幼局……必使道路无啼饥之童。"并以此作为考核各地官员的标准之一。

《宋史》记载："孤贫小儿可教者，令入小学听读，其衣襕于常平头子钱内给造，仍免入斋之用。遗弃小儿，雇人乳养，仍听宫观、寺院养为童行。宣和二年，诏：「居养、安济、漏泽可参考元丰旧法，裁立中制。应居养人日给粳米或粟米一升，钱十文省，十一月至正月加柴炭，五文省，小儿减半。」"

全国各州县设置慈幼局，收养弃婴，雇乳母喂养。小孩长大到了一定年龄，该入学时，宋朝各地官办学校不收学费，并置办衣服鞋子，对于"孤寒士子"，政府提供免费住宿和吃饭，每天给钱十文。宋朝对贫民子弟"吃、住、穿"的全国义务教育，可谓空前绝后。

南宋人民受教育程度之高，全国的文盲非常之少，史载"人人尊孔孟，家家诵诗书"，苏东坡当时说宋朝基本每家人都能识字，十家人里九家人都能写书。南宋叶适等人也记录当时每家都能著书："今吴、越、闽、蜀，家能著书，人知挟册。"《舆地纪胜》记录农村"家乐教子，五步一塾，十步一庠，朝诵暮弦，洋洋盈耳"。

对社会弱势群体方面：宋朝对孤寡老人、孤儿，残疾者、穷人，政府都出钱助养。"鳏寡孤独无依靠者，残废疾病难以为生者，依临安例，官司养济。"

宋朝街上没有乞丐，因为乞丐都被政府收养了，吃、住、看病到死，国家都承担了它对民众的责任。《宋史》卷一百三十一"若丐者育之于居养院；其病也，疗之于安济坊；其死也，葬之于漏泽园，遂以为常"。乞丐可住在宋朝免费的福利机构，并在各州县"安济坊"免费医治，死后，政府出钱下葬在政府公墓。

除对贫困者设"安济坊"外，政府还在一些地方设置有"安乐庐"等福利机构，专门救治家远在外地的士兵、商人等。像江宁创设的两所安乐庐情况：为房 72 间，并有事务室、管理室、医生居室、厨房浴室及佛堂神祠、门房室等若干间，规模相当大。对于收容的病人，每人每天给米 1 升、柴炭钱 300 文，病愈后并提供归里的路费。

对于天灾、战争造成饥荒时，宋朝政府各州各县都置有"义仓""广惠仓"等非常完善的应急措施。

这是一幅多么美好的画面，一直让我们艳羡的西方发达国家高福利政策，1000年前我们的先人，就已经做到了。宋朝人人熟读经典，推崇仁义礼智信，家家能写书！宋朝物质文明和精神文明都达到了那个时代人类文明的巅峰状态，那是怎样一种开放自由、充满优雅情趣、文人荟萃、富有礼仪和信仰，有巨大向心力的文明。

宋朝子民没有理由不热爱自己的国家。宋朝是中国历史上甚至全世界历史上忠臣最多的国家，所以在宋朝才会出现岳母刺字"精忠报国"的爱国名将岳飞，才会有"崖门海战"10万子民自杀殉国，在全国"多举家自尽，城无虚井，缆林木者，累累相比"。

与百姓"举家自杀"殉国对应的是，宋朝那些拿起武器抗击元军的英雄。《宋季忠义录》校订凡例所述，南宋末年抗元的知名英雄就有500多人，那些不知名的英雄不计其数，蒙古征服亚欧各国可以用几个月的时间，而灭南宋却用了整整半个世纪，甚至在南宋灭亡之后，许多城池也仍然飘扬着南宋的国旗，其中四川凌霄城以一座孤城抗击达9年之久。

南宋灭亡时，在中华大地，金和宋的人口约为1.2亿左右，从元世祖至元28年初在幅员辽阔的元帝国，人口骤降至5883万，中国精英阶层损失殆尽。

　　蒙元统治者把全国划分为四等人：第一等为蒙古人，第二等为色目人（包括中国西北民族及居留在中国的中亚、东欧人），第三等为汉人（是指金朝统治下的汉族和汉化的女真、契丹等民族，及云南、四川的汉族人），第四等是南人（指忽必烈灭宋时仍在南宋统治下的汉族和其他各民族人民），南人女子的初夜权及财产归蒙人。

　　在中华大地上，人人富而有礼，几乎一脚踏入资本主义的宋代子民，一夜之间沦为社会底层奴隶。元朝前期废罢科举达 42 年，整整两代人，一脉相传的汉文化就此断层。

　　由此，千百年来形成的社会形态，礼教信仰，民族性格都发生了深刻的变化。

2012 年 3 月 31 日

感受华人春节
新加坡

　　一直向往新加坡，因为那里有大名鼎鼎的组屋和全世界最奢华昂贵的酒店，造价超过迪拜七星帆船酒店一倍，合人民币400亿的滨海湾金沙酒店。组屋就是当年中央政府想学习推行的新加坡、马来西亚的住房模式。滨海湾金沙酒店是新加坡的新地标。2008年经济危机后，为刺激经济，新加坡也开放了赌业，这在华人社会是件爆炸性新闻。据说由于新地标的建成，新加坡旅游已经不可同日而语。2012年春节我和C君决定前往一探究竟，顺便感受下海外的春节。

交通

　　提前一个月在航空公司预订了新加坡虎航来回程机票，在全球订房网预订了四晚酒店。1 月 21 日年二十九，21:30 左右到达新加坡樟宜机场的 BUGET 候机楼，然后搭乘机场免费巴士转到 T2候机楼，在那里搭乘地铁到了武吉士。

比迪拜七星酒店造价还高一倍的新地标

一出站，有些发懵。旅游指南上写着出地铁 5 分钟到达酒店。已是深夜，凭着感觉过了马路向 CITY HALL 的方向走了下去。中间问了几个人，大多不知，有一个还指错了方向，越走越远，于是搭乘的士。

坐的士花掉 5.84 新币，加上 50% 的午夜附加费，共 8.1 新币，合人民币 45 元，其实只走了两条街道，真是超贵。怪不得取行李时，一个本地小伙建议我们搭乘地铁，并说这里不像香港，的士超贵。当时暗暗吃惊，香港的士费要远高于国内，新加坡的士的高成本算是领教了。我们坐了 40 分钟的地铁，才 2 新币。看得出新加坡政府是大力提倡公共交通的。

路上车不多，白天车也不多，在新加坡私人购车是受到严格限制的。弹丸之地，不塞车，可见公共管理的高明之处。

新加坡的地铁单程票收 1 块押金，需要持票人把票送还购票机中，才可拿回 1 块押金，这样设计，可以节省一个人工。

地铁里设有博爱座，照顾老弱病残，和其他座位用颜色区分开，上面有醒目的图示，一目了然。

这办法挺好，比国内地铁上反复广播，倡导文明行为要提高效率，也避免该不该让座的矛盾。立杆扶手，有三个方向弧度，为乘客考虑的细节很贴心。

在以后的行程里，我们一点一点感受到新加坡政府公务员的高薪不白拿，从城市规划、城市环境、城市文化的打造上，的确水平高。

酒店

下榻的 IBIS 酒店是国际连锁经济型酒店，整体感觉小巧精致，大堂摆放着三组很有设计感的彩色皮制沙发。餐厅、房间包括走廊的地毯都精心设计过，在不大的空间里营造出年轻、时尚、温馨的感觉。床褥洁白、柔软、舒适。浴巾的洁白度赶上国内五星酒店的水平。

门市价 158 新币，我们通过 AGODA 来订，才 128 新币，合人民币 700 元，这比春节期间海南三亚的酒店要便宜实惠。

这间酒店吸引我们的，不仅是价格，一个经济型酒店都注入设计元素，如此注重细节，让我们颇感意外。

其实，随后几天发现整个新加坡都很有设计感，从商场、街道、车站、地铁、餐厅、食档、公屋，越玩得深入，越感觉出这座城市的魅力。

组屋

酒店后，有几栋彩色的筒子楼，窗外还有搭晾的衣服，很像是我们的员工宿舍，这就是新加坡大名鼎鼎的组屋了。新加坡的住房模式一直为外人所称道，推行以政府分配为主、市场销售为辅的国民住房政策。早就得知新加坡实现了安居，在过去的五十多年里，新加坡政府共兴建了将近百万套组屋，使大约85%的国民住进了组屋。九成的低收入家庭购买了组屋的房权，其中大多为面积在100平方米左右，只有较少部分家庭是租住在政府公共房屋里。全国只有15%高收入家庭住在私人开发商推出的高档商品房里。这种住房结构因照顾了大多数人的利益，新加坡民调显示九成居民对住房满意。新加坡政府保护本国人民利益，规定外国人不可以购买一手房，只能在二手房市场购买，二手房市场是一手房市场价格的一倍。在最近的几年里，各国都是宽松货币政策，而新加坡的房价只上涨了一倍。安居才能乐业，这是新加坡政府公共管理了不起的成就。

政府组屋一般几栋为一组，合围式，楼下有三层配套商业，一层有几十间五六平方米左右的小食档，经营各种口味的东南亚美食。有粥、面条、米饭、甜品、米粉类，品种繁多，做法也比国内复杂，放很多辅料，大多二三或四五新币。每组食档中间有几十条固定桌椅，买早餐的人很多，但有序，地面也干干净净。这种组屋设计最大限度地保留了邻里关系，反观国内的安居房小区动辄几十栋楼，超大的商铺和餐馆，相比起来不宜居。

1998年国内取消福利分房后，中央政府曾一度想借鉴这种房地产的发展模式来解决国内百姓的住房需求。为此还专门下了文，但不知何故未能有效推行下去。

新加坡组屋

街市 美食

组屋的前面是一条很热闹的花市。摆满了各种绿色植物，还有佛手、柑橘、柿饼等年货。寓意大吉大利、事事顺利。也有卖衣服的小摊位，出售中式红色棉质 T 恤，看着又传统又喜庆。在这条街的中心位置上，有一处 6 平方米的广告牌，上面有 12 生肖的 2012 年运势，不少人驻足围观，嬉笑打闹。

穿过这条花市，紧挨着是一条马路，马路的对面有各种水果摊位。新加坡紧挨赤道，这里的木瓜和国内不同，品质优良，入口即化，甜度适中，很好吃。水果摊位后面就是步行街 BUGIS STREET，街宽 3 米左右，两旁有各种小店。

这是一条平价商业街，有点像深圳东门的街道，卖各种小纪念品、衣服、饮料、小吃。尤其值得称赞的是榴莲花生煎饼，香喷喷、软绵绵、甜丝丝的，口感无愧于榴莲果王的赞誉。对面的小店放起鞭炮的录音，接着又放恭喜发财的音乐，一种家乡过节的感觉油然而生。

这条街特别之处在于白天熙熙攘攘，午夜这里竟会一尘不染。午夜扫街，这制度挺好的，街上的垃圾不会停留很久，无论晚归还是早起的人们，永远看到的是城市干净整洁的一面。干净整洁总是能温暖人心，即便是深夜。

出了这条街，对面就是地铁站。没几站就是牛车水唐人街。

唐人街上，人头攒动，摊位林立。卖些喜庆的年货、纪念品，和国内差不多。街上有一些艺术家现场画像，也有相术大师现场看相。到处是露天酒吧和食档，哪里都是很多人。

新加坡有两道声名远扬的美食，黑胡椒老大和美味海南鸡，黑胡椒老大是一种黑胡椒做的斯里兰卡大螃蟹，一个至少 8 两，啃蟹腿犹如啃羊棒一样过瘾。海南鸡乍看起来像是广东的白切鸡，但入口后，会发现鲜嫩无比。它基本算是新加坡国菜了，无论谁到新加坡都是必点的。普通的青菜也好吃。赤道的农作物阳光充足，吸收了更多的能量，这里食物的味道的确不同。

新加坡每年 4 月有个名厨峰会，是亚洲最盛大的美食盛典。峰会不仅是展示名厨们精彩技艺的美食节，也是国际认可的酿酒商们的博览会。世界名厨们每年在这里切磋技艺，带动民间的厨艺也在进步。这里犹如我们国内的扬州一样有着悠久的美食传统，无论大小食档，厨艺都不错。你尽可以随便去吃，丰简由人，一定会有不错的美食体验。

唐人街上有临时演出舞台，街上到处张灯结彩。从 CITY HALL 站出来，走不多远，就是榴莲剧场，沿着剧场下去就是新加坡河。榴莲剧场对面就是著名的鱼尾狮雕像。剧场外贴着巨幅华艺节演出广告，上面有几个艺术家，其中一个是谭盾。一连 10 天剧场内免费上演各种形式剧目。这样的举国欢庆，与民同乐，真好。

滨海湾金沙酒店

滨海湾金沙酒店与榴莲剧场、鱼尾狮两个传统著名景点构成三足鼎立之势。

滨海湾金沙酒店为近年填海建筑，由新加坡政府花费 40 亿英镑（合人民币 400 亿）打造的集酒店、购物中心、赌场、博物馆、室内运河、会议中心、夜总会于一体的综合娱乐城，总造价超过迪拜七星级帆船酒店的一倍，号称是目前世界上最昂贵的酒店。

酒店由三座大楼组成，顶部建有壮观的空中花园。酒店外有一座莲花外形的博物馆，内部设有"漂浮式"水晶阁，拥有 300 多家名店旺铺和餐饮设施的购物中心，先进的影院娱乐、激情涌动的夜总会以及一座拉斯维加斯风格的娱乐场。商务旅客还可享受到配有多种先进技术的大型会议及展览设施，这里的会议中心可容纳 45,000 多位与会代表。

远远望去，三座 57 层大楼高高耸立，一座空中花园将三座楼顶连成一片，外形颇像一艘巨型油轮，架在空中，又像是从天而降的"诺亚方舟"。这座美轮美奂的空中花园占地一公顷，位于近 200 米的空中，极具挑战性的结构令人叹为观止。

这座空中花园汇集了露天花园、美食餐厅，还有一座无边际泳池。站在这里，尤如登临世界之巅，有一种无法言喻的美好感受。这个超现代建筑塑造了新加坡的全新形象。

在榴莲剧场与滨海湾金沙酒店之间有两个露天免费剧场，新年期间每晚都有免费演出，在两个免费剧场之间有各界社会团体组织的庙会，还有新加坡政府组织的"春到河畔"迎春花灯活动。鱼尾狮一侧是鳞次栉比的高楼大厦，在夜色霓虹灯的映衬下，与绚烂夺目的花灯、星光四射的空中花园、金光闪闪的榴莲剧场遥相呼应。

这种最能展示一个城市美感的城市规划，颇令人赞叹。不仅美，关键是可以最大限度地方便民众，在各个角度欣赏美丽的新加坡之夜。

因为有足够的空间，这里可以举办各种大型庆典活动。

许多新加坡本地人选择在这里迎接新年，年三十除了花灯、庙会、街头演出，滨海湾的上空还会燃放烟花，5000 多枚烟花将滨海湾的上空装扮得异彩纷呈，烟花下是上万人的狂欢，挥舞着双手倒计时迎接 2012 新年的钟声。场面火爆，热烈，盛大，隆重！华人的传统春节在这里热闹非凡，年味十足！

金沙赌场

酒店的三栋大楼靠近天桥一侧的裙楼定位是餐饮和购物，中间部分是金沙赌场，最右侧是购物中心。每一部分因为弧度设计，一眼望去似乎看不到尽头，加之巨大的中空结构，让你一踏入广场内部，便颇为震撼。

新加坡的赌场对外国游客免费开放，但对本国居民和永久居住者（绿卡的）是要收费的，每次100新币，旨在限制本国居民赌博，而是赚外国游客的钱。

赌场内部从规模上来讲，算是顶级赌场了，但比澳门和拉斯维加斯的"威尼斯人"赌场还是要小一些。春节期间游客甚多，每一个座位都坐满，甚至还要排队，人头攒动。这里还有舞狮表演，老虎机的中彩铃声此起彼伏，真是热闹至极。

据说在赌场里玩1个小时，是经验测试过的最佳时间，再玩下去，就不是娱乐而是赌徒了。

购物

酒店附近有几条淘宝潮街，清一色的二层小楼，五颜六色的店铺，有的外墙有涂鸦，窄窄的街道只能容一辆汽车穿行，街道干干净净，每个店铺门口都有一半人高的垃圾桶。

店铺的风格均为阿拉伯式的精致小店，颇为养眼。春节期间这里行人不多，懒懒地走着，沐浴着赤道暖阳，游客会不由得心生惬意，走累了，可以随便进入一家伊斯兰风格的酒吧里点两杯饮料，看书，翻弄相机，悠闲懒散地看着行人。

新加坡是新近崛起的购物天堂。这里商品紧跟世界时尚的流行趋势，很多舶来品，因为没有关税显得很便宜，每年6~7月举办"时尚购物节"，全城打折，很超值，这里许多牌子比香港还要便宜。

乌节路，相当于东京的银座，整条街上商厦林立，汇萃了世界名牌商品，购物环境幽雅。乌节路的树木很高大，走在路上神清气爽。这里商家一般春节期间都打折，不过很可惜，很少的商场开门。这里的华人和国内一样都休春节假。

滨海湾的购物中心倒是都开着业，还有不少商家打折。购物广场我们只逛了其中一小部分，实在是太大，没有两天的时间，逛不过来。

祈佑平安

酒店后面的花市密密麻麻地挤满了焚香的人群。原来在花市的尽头，树立了一个高大的财神。街市也搞这种小型的庆典活动，真是让人感觉意外又温暖。这里到处都洋溢着节日的喜庆。

挨着花市，是观音庙和印度庙。在观音庙前，有些中学生在为孤儿院募捐，让人有些感动。学生们好有爱心，春节这么重大的节日，没有忙着拜年和玩耍，而是不忘公益，这素质教育有多到位！

义安城前有一大片空地，上面搭建了一个巨大的帆布帐篷，帐篷门前人来人往，原来这是个敬佛的场所。在主席台有一尊端坐的巨大玉佛，门口有浴佛活动。信众可以排队给佛洗浴，旁边有募捐箱。在帐篷的四周有些佛事用品可供信众选购，比如小袋开过光的香米、莲花灯、佛像、花等，中间有座位，累了可休息。大厅内佛音缭绕，洋溢着喜庆、祥和的氛围。大家安静拜佛，祈佑平安。

考虑到大部分民众去寺庙拜佛多有不便，竟然在最繁华的市中心搭建临时敬佛场所，这种服务有多贴心！

这真是一个有信仰，保持传统的国家。再一次从点滴中感受着这座城市的魅力。

怪不得新加坡的威权发展模式一度是中央政府 20 世纪八九十年代所欣赏的，这里软环境和硬环境都打造得很好，保持着传统，高端服务业到位。这些超豪华的购物中心、会议设施、美食、赌场和娱乐设施充满竞争力，无时不在分流着亚洲的客源。弹丸之地，却充满活力。

2012 年 2 月 20 日

滨海湾金沙酒店内部一眼望到头

美丽的新加坡夜景

街边临时佛堂里面有许多开过光的小袋米、油、花

滨海湾金沙酒店内运河

感受华人春节
香港

2013 年的冬季，北方很难挨。尤其首都北京，极寒又大雾。一月份竟只有五天不是雾霾天，昔日自由呼吸的空气、阳光都成了奢侈品。

相对来讲，深圳人民较内地人来说拥有较高的幸福指数。尽管空气质量也不如从前，但毕竟南方雨水多，还是能见到蓝天、白云、阳光。深圳人较外地人还有两项专有福利，就是可以自由出入香港和澳门。提前办好港澳通行证后，在家不用出门，网签一到两周就可以搞定两地签证，相当便利。

在南方过年，去逛逛深圳的后花园香港和澳门基本是必备项目。深圳是一座移民城市，每到过年会走一多半人，又不可燃放烟花爆竹，也无庙会，除了花市、收费景点搞点儿活动，总体年味儿不足。相反，在毗邻的香港每年都会举办庙会、巡游，年初二在维多利亚港燃放烟花，还是很热闹。在百货店里，你还可以碰到舞狮、逗利市的传统项目。商家把利市包贴在柜台顶部，舞狮人员用"嘴"衔下来，然后把事先准备的一捆白菜抛给商家，寓意恭喜发财。一行穿着鲜艳的舞狮人员锣鼓敲得"咚咚"震天响，颇有华人传统的年味儿。

这个春节，香港和深圳一样，许多港人在假期选择了出国游，或者逛逛香港的后花园澳门，街上行人稀少。在港澳中心附近的街道走走，香港上环的楼大多不新，但到处都是干干净净，甚至连一个纸片也找不到。三三两两的人们在悠闲地晒太阳。有人带了两只会说话的亚马逊鹦鹉，逗它玩，颇有趣。

街边一角上看到佛教界、基督教人士摆上自己的宣传品，安静地站在一旁等待信众被召唤。大街上有各种政见广告。路旁围栏的一则工联社的广告给人印象颇为深刻"日以继夜，夜以继日，不公则攻，不平则鸣"，旁边一个女议员大幅个人头像"会见市民计划"。

2013 年 2 月 20 日

日以继夜，夜以继日，不公则攻，不平则鸣

感受华人春节
澳门

深圳与香港、澳门仅一街、一海之隔，三地各有一百年不同的文化传统，三地文化、建筑、美食也都各有特色。由于开放了港澳自由行，周末，互相去串个门，是三地居民特有的休闲方式。香港是购物的天堂，澳门是赌博的天堂。购物和博彩都是极具消费潜力的行业。

澳门回归第二年的年末，2001 年 12 月 31 日，澳门赌王何鸿燊的博彩经营权到期，澳门政府开放了赌权，把赌牌分给了六大博彩集团，并把博彩业变为"旅游娱乐业"写进基本法，从此有了竞争的澳门博彩业一飞冲天。回归后 15 年间澳门博彩收益从 1999 年的 61 亿美元跃升到 2012 年的 380 亿美元，2012 年的博彩收益是拉斯维加斯的 6 倍多，澳门跃升为"世界第一赌城"。

　　根据世界银行数据显示：澳门，这个不足30平方公里的弹丸之地，靠六大博彩集团兴建的33家赌场，人均生产总值2012年为64813美元。2012年人均GDP，仅次于卢森堡、卡塔尔、挪威、瑞士和澳大利亚，阿拉伯联合酋长国，全球排名第7位！

　　喜欢来澳门的人，其实不全是为了赌。这里的建筑极其奢华，单是风格迥异的各式酒店就会让你大开眼界。这里酒店林立，酒店就意味着赌场，因为澳门的酒店几乎家家开赌场。大型的赌场其实早已超越纯赌场的概念，一个大型的赌场如"威尼斯人"和"银河"可以拥有几百间国际品牌专卖店、几十间各国风味的餐厅、酒廊甚至音乐综艺馆，可以承办几十场一线明星的大型演出。

　　下午3点赶到澳门，发现澳门政府重新规划了各大赌场接客的汽车站，改造后的汽车站整洁、高效。一个高效率的政府就是这样，有混乱，就治理，不会不作为。人们出行总是那么便利，不会因为混乱、堵车而心情不悦。

　　澳门的大型赌场都是按照超五星水准建造的，其中比较著名的有威尼斯人酒店。每一个来过威尼斯人酒店的游客，都会被其奢华、磅礴大气所震撼。在这间酒店里，竟有三条运河，运河里还有自由穿梭载着游客的贡多拉；购物中心拥有350多间国际品

牌专卖店，可随心选购 180 个尊崇品牌及全球限量精品；会展中心占地达 11 万平方米，面积是香港会展中心的两倍，但参展费用只是香港的一半；金光综艺馆拥有 15000 个座席，可以举办世界级的音乐会。餐厅设在酒店内有模拟天空的广场上，有超过 30 家高级餐厅；往往深夜，这里却营造出蓝天白云的景象，让你忘记时间。百利酒廊每晚有精彩现场表演。不赌，只是来这里喝点免费饮料，看看免费表演也可。因为是新建的酒店，专门针对中国庞大的市场，这里比起美国拉斯维加斯老威尼斯人酒店更显奢华、大气。

在这酒店里散步，你会被无处不在的雍容华贵所包裹。建筑是凝固的历史，综合了绘画、雕塑等艺术形式及现代科技。一个辉煌的建筑确实是人类伟大的创举。

银河酒店的迎宾小姐占据了有利地势，把持着过街通道的入口。其中一个美女怀抱着一个大元宝，不断地从里面拿出一枚由巧克力做的印有银河赌场标志的"金币"，向过往的游客派发。我们在香港旅行社那里购买的船票套票，其中配套的餐票是银河酒店的。于是，便乘坐银河豪华大巴去了位于氹仔的银河度假城。这间酒店是澳门最新开设的一座顶级酒店。新酒店由银河娱乐集团斥资 155 亿港元建造，面积为 55 万平方米，拥有全球最大的空中冲浪池，用 350 吨白沙打造的人工沙滩，还有酒吧、夜总会，以及汇集全球知名品牌的徒步购物街。酒店赌场里有 600 张赌桌，1500 台老虎机，拥有 50 多间餐厅。比起威尼斯人酒店，这里有更多的美食选择。喜欢美食的，可以来银河。在这里还可以看美女，春节期间，酒店邀请了不少佳丽，穿着华丽的服饰，供游客随意拍照或留影。其中有一组高大的美女，怎么看着都觉得和一般的女孩有些不同，猜测是人妖。走在这奢华的酒店里，心里很是佩服这酒店的老板。在这里赌，是给庄家送钱，但无论赌与不赌的，每个游客都会忍不住在这里消费。高端服务就是这样，营造出诱人环境和服务，让你消费得心甘情愿。

赌，从数学来讲，是个概率问题。数学不好，不懂概率，基本上赔钱。去年澳大利亚媒体报道澳洲有个赌博集团由 19 名天才数学家组成，在过去的三年里共赚取了 156 亿赌金，几乎逢赌必赢，这一消息应该鼓舞了无数数学爱好者，但一般游客去赌场最好抱着小赌怡情，娱乐一下的心态，因为十赌九输。

赌场里赢钱，带给你的快感远胜过股市。因为老虎机适时给你的奖励，无论画面还是声音的刺激，很符合心理学上激励的效果，会让你欲罢不能。其实赌，玩的就是心理学，和股市一样，考验的是你的贪欲和自律。

这么多人日以继夜，夜以继日地给庄家送钱，这生意真好，只不过中国人的钱都让老外给挣了。

国内高端服务业比较欠缺，中国的富人们每年把大量的钱都花在了国外。日渐富裕的中国富人阶层最有能力和欲望去消费，可以成为拉动内需的主力军，如何以创意和科技发展国内的高端服务业，是摆在政府面前的一个重大课题。

2013 年 2 月 20 日

近观日本

2008 年 10 月我和 C 君去过北海道和东京。老实说，当时还是颇为震撼的。一直以来，对于这个曾给我们带来深重灾难的民族，心里还是颇为排斥的。但从落地过境时起，我的心里就在微妙地起着变化。我们乘坐的飞机还没停稳，从机窗上，你就可以看到两个接机人员已经 90 度鞠躬恭候了，过境时指纹验证身份。每一个环节，都严谨细致，这是我看到过管理最细致的机场，印象非常深刻。

记得一天早上，我们从一个温泉度假酒店出来，在大巴车上等候团友。前面一辆别的团的大巴车正好离开，看到酒店经理还有两个店员挥舞着小旗送客，大巴车离开视线好久了，三个人还在热情地挥舞着小旗，这在国内，简直不可想象。日本国民的敬业精神，让你不得不佩服。已经深秋，在浪漫的小尊街头，到处是露着腿的中学生，我问导游："他们不怕冷吗？"导游说："日本是岛国，民众有很深的危机感，露大腿，是从小训练的，为的是强健身体。为了改良基因，政府给每个学生的牛奶里加 DHA，一种脑黄金。"日本的下一代，的确普遍都长高了。

刚好那一年，国内发生三聚氰胺事件，不法商贩们在给我们的宝宝们喝毒牛奶。如此强烈的对比，让你如何不震撼呢！我们今年 GDP 总量超日，但人均下来，我们只是日本的 1/10。

1985 年广场协议后，外界号称日本经济已陷入衰退的 20 年。本以为看到的都是萧条，但实际上，一片繁华，物资应有尽有，包装考究。这两年，国内年青人都在追随韩国的潮流，其实无论台湾地区、香港地区，韩国……整个亚洲都在追随日本最前卫的潮流，无论发型、服装、化妆品乃至现代精致的生活用品、各种电器，都能引起你极大的购物欲。大街小巷发达的动漫产业和闻名遐迩的色情文化，同样也带给你强烈的视觉冲击。

日本海啸堪称世纪灾难，让人颇为惊讶的是，死人不多，社会秩序竟还那么井然有序。天灾给日本政府初步估计带来 2000 亿美元的损失，不过在无形的金融市场，日本政府没吃什么亏。日本地震之后，多数投资者的第一反应就是做空日元。日元当时的走势也确如大家所预料的出现了快速下跌，但几分钟之后日元突然被一股超级强大的买盘瞬间拉起。毫无疑问这时敢做多日元的，只有日本政府，在大地震后以最快的反应速度对日元进行了保卫。日元的空头损失惨重。据说，我们的"中投"公司在地震前，刚好抄底日本，不知道这次世纪之战，是做多还是做空？

2011 年 3 月 23 日

魂系台湾

　　隔海相望的台湾对于大陆像失散多年的兄弟，亲切又陌生。记忆里的台湾女人颇有女人味，邓丽君靡靡之音柔至骨髓，琼瑶笔下温婉多情的女子令人过目难忘。打开电视，台湾政界总是一幅官不聊生的景象，国民党一度还沦落成了在野党。这一切像谜一样地吸引着我。

　　2013 年的 6 月中旬忍不住一人跑到台湾 8 天环岛游，深度感受了台湾普通民众的生活，一路被温暖着，颇为亲切。

　　踏上台湾的土地，乍一看，城市建设都不大起眼，多是老式的房子，规划很整齐，高楼大厦不多。不似大陆第一眼有强烈冲击感，尤其大都市高楼林立，现代化建筑比比皆是，光怪陆离，灯红酒绿般的繁华。台湾是一个需要沉下来，慢慢去品的地方，像陈年的老酒，越品滋味越浓。

　　国民党接管台湾时，日本人已经殖民了50年。当年除了掠夺，日本也给台湾留下了好的一面，比如城市规划，重视环保等。当年从台湾阿里山掠走大量2000~3000年的巨木，不过每砍一棵树，在原地上又重新栽回一棵；现在留下的规矩也还是这样，砍一棵需要种回一棵，所以现在的阿里山还是满目苍翠。台湾当局设有林业银行，鼓励民众种树，爱护古树。规定台湾居民每人每天可以到林业银行免费领取两棵小树苗。你家院落如要装修，可是有古树，你就可以打个电话由专业人士迁移到林业银行，过段时间还可免费迁移回来。城市里所有建筑要退让一定比例的绿化带。所有的旅游巴士，停车三分钟就要熄火，以减少汽车尾气排放。所以虽然已完成城市化建设，但台湾的环境保护得很好，空气是洁净的，到处还可以看到绿色植物。

　　在台湾生活会感觉很便利。街道规划很整齐，到处如广东的骑楼，下雨天，可以不必淋雨。每隔一两条街就有一个便利店，除卖吃的、喝的，还兼具邮寄、缴交各种费用，甚至是网购的中转站，像一个个运转高效的基层组织，一站式搞定。台湾当局这点做得好，于不动声色之中，使得民众的生活秩序井然。你不必这里排队，那里排队，浪费许多时间不说，有时还常常无端生出一些怨气。台湾的公交和地铁两家公司互相参股，所以站台的接泊很科学，选择公交系统很便利。一个城市的管理是否科学，就体现在这些细节中。

再一个印象深刻的就是台湾重视文化建设，宗教盛行。本土道教的道场比佛教的道场还多，每隔几条街，就能看到一个道教的观或宫。当然佛教在台湾的影响力也很大。星云法师发愿建造的佛光山犹如故宫建筑群一样气势恢宏，颇为震撼。其地宫里藏有信徒捐献、搜集来的无数佛教宝藏，让人大开眼界。台湾法师不遗余力地保护和发扬光大佛教文化，让人感动。

游览佛光山需要花费一整天的时间。这么大的道场都由当地民众捐助，颇让人感慨。寺庙里有一小块地方大约几平方米，由义工在卖些纪念品。除此，佛光山的周围没有小商小贩，没有原驻地的村民，不似五台山门前那般热闹，只有巍峨的寺庙、慈悲的佛像、无尽绵延的绿色、肃穆庄严的气场。

台湾各大企业财团一般都有自己的慈善基金会，拨给基金会的钱都是免税的。当地鼓励企业、团体拿出一部分本该上缴的税金，参与到文化公益事业上来。有的企业创办大学，有的创办医院，有的建设博物馆。像佛光山，作为一个宗教团体利用民众的善款，捐助了四所大学。由证严上人创建的慈济慈善基金会设立了6家医院。台湾的宗教界既出世，也入世，身体力行地实践着博爱、慈悲为怀，是台湾文化建设一股不小的力量。

　　小小台湾竟然有 100 家电视台、100 多所大学。各个大学可以设立自己的招生条件，比如阳明集团下的阳明大学，专门招收有志愿者服务经历的高中生，把这些具有奉献精神、有爱心的学生分配给专门为老兵服务的荣民医院，让那些一生戎马、没有成家、远离故土的老兵能得到很好的照顾。文化建设的确不能光靠官方，民间的力量是强大的，怎么调动民间的力量是官方的责任。所到之处感受到各个阶层都很重视文化的传承。

　　台湾很重视志愿者服务，现在每30个台湾人中就有一个做过志愿者的经历。每个志愿者有个存折，上面记录做志愿服务的时间，将来如有需要的时候，也可以对等地换取志愿者所需要的服务。这是一个很好的爱心传递，可以把每个人零零散散的时间利用起来，利用每个人的特长做更多服务社会的事情，也可以利用民间的力量来满足民众的一些诉求。官方关注不到的地方，由民间补充，很良性地互动。为提高公众素质，台湾公务员、志愿者曾花了三年时间坚持在地铁站引导民众靠右站立，为别人让出紧急通道。民众的素质是靠一点点提高的，确实需要有爱心的民众，不遗余

力地坚持规范、引导，才能让文明体现在这个城市的各个角落。

　　旅游业作为台湾支柱产业，颇受重视。对大陆旅行团一律安排四花及以上酒店（台湾酒店不称星级酒店），安排最好的车况，一路淮阳美食，30~40元无克扣的餐标。导游必是上了年纪，且有丰富的阅历。这种安排相当罕见，颇有远见。

　　我们的导游年过60，一路上以一生的经历从政治、经济、文化、地理的角度来解构台湾。闲暇之余，就播放纪录片，让大陆游客从另一个侧面了解台湾这些年走过的风风雨雨。看得出台湾当局高度对待旅游业，并为此做了充分的准备，包括一路用于宣传的

纪录片、阿里山的风光片、由行业协会评比出的旅游特产。让大陆游客带动当地经济的同时，一路也极力用本地文化，潜移默化地影响着大陆游客。一年 250 万游客，这是不可小看的数字。

　　台湾的男子全都服兵役，有过从军经历的人，气质上就是不同。我们的导游、司机、领队之间经常相互赞美，这一细节让我印象颇为深刻。我观察普通民众之间也心态平和，彼此友善。看着一个个都似温良恭俭让，真好，中国人本来的传统就是这样。

2013 年 7 月 12 日

文化建设的确不能光靠官方，民间的力量是
强大的，怎么调动民间的力量是官方的责任

热气球上的凝望

踏上澳洲的土地，最震撼的是空气，一尘不染，湛蓝湛蓝的天空，满眼绿色，古老的大树，仿佛置身于偌大的花园。和我们差不多的国土面积，只有 2600 多万人口。街上行人稀少，本地人偏爱甜食，个个肥硕。在这里，时间仿佛会变慢，见不到匆匆的行人。人们不是晒太阳，就是喝咖啡、潜水、冲浪、驾驶帆船，甚至驾驶小型私人飞机在天空中玩花样。

来澳大利亚大堡礁是必去的，绵延 2000 公里的珊瑚礁，五颜六色，颇为壮观。在这里潜水，不仅可以看到各色珊瑚，还可以看到各色硕大的鱼儿，如女人腿肚般粗大的巨型海参，眼花缭乱的海胆、海星、鱼群。比起夏威夷，潜水艇虽不够先进，但南太平洋的海底要有趣得多。

澳大利亚之行最令人难忘的是乘坐热气球。凌晨4点我们摸黑乘车爬上山顶，然后燃烧气体升起巨大的热气球。与20个来自不同国家的游客，一起爬进木篮子里，一点一点升到500米的高空，升空的过程新奇、刺激。乘坐的热气球都有四个汽缸，球体有几十米长，相当平稳。离开地面时，可以看到可爱的袋鼠在你的面前蹦来跳去。

在空中，不同的高度俯瞰大地，感觉很美妙。第一次挣脱了地球引力，有了飞翔的感觉，如此自由自在！除了大自然细微的风声和刚离开地面时的鸟鸣，周围极静，随着高度越来越高，你会渐渐忘掉自身的存在，与大自然融为一体。那种感觉真是妙不可言。那天，一起升天的有七八个热气球。在晨曦迷蒙中，目送一个个热气球快速腾空而起，喷着火焰，飞向远方，那感觉像是要组队穿越时空隧道。随着万丈霞光一点点照亮大地，心底里竟会不自觉地涌起万丈豪情，浑身充满力量，你想拥抱整个世界。

整个飞翔的过程总体很平稳。不过除了兴奋也有惊险，热气球降落有点问题。不像飞机，没有固定降落地点，失去动力后，热气球只能随风飘落。我们一共试着降落了三次，第一次擦着树梢，第二次几乎落到河面，第三次才安全降落在宽广的草甸上。从热气球上下来，我们和热气球公司的工作人员，一起齐心协力花了两个钟头，才把这个庞然大物收拢到一个大袋子里。把收拢的热气球和木蓝送上拖车后，全体游客鼓掌祝贺，这是一次齐心协力的多国合作。安全回到地面，每个人都由衷地高兴。

在澳洲除了热气球，乘坐水路两栖的越野车穿越雨林，看土著人表演，在五星级农庄里剪羊毛，听乡村歌手弹唱吉他，升起篝火，和上百个外国游客围圈跳起集体舞，每个节目都会让游客开心至极。

开阔眼界，增长见识，其实不需要很多钱，只是一种生活理念，但却是不同品质的生活。有时候我们需要换一个视角去看世界，在纷繁复杂的人事之外，你会重新找到一片人生的乐土。

2013 年 3 月 16 日

大上海

从全国范围来说，上海是我最喜爱的城市。其海派文化的精致细腻，在城市管理的各个细节中都能体现。黄浦江两岸的规划尤其值得称赞，既有百年万国建筑的古朴典雅，又有现代建筑的时尚奢靡，同时交织着历史与现代浓厚的人文气息。每一个来沪的人，无不为之惊艳。上海不止奢华大气，更重要的是在这里生活很舒适。

很早之前就订了去上海的机票，打算端午去上海探望老友，没想到临出发，我竟受伤。C 君很细心地把机票换成了高铁。去上海第一次乘坐高铁，一路旖旎风光，大片绿地颇为养眼。尤其到达江苏地界，绿色的田地里冒出一幢幢二层小楼，白墙灰瓦，极像一幅幅水墨山水画，颇有意境。江南水乡的第一眼果然清新脱俗。

下了高铁，搭乘出租车的便道上，赫然两排金属栏杆长长地上百米，排队的人不多，的士一辆接一辆，行人不用等，车也不用等。好的管理就是这样的，一切井然有序。在这一点上，如果北京西站能借鉴上海高铁站管理的做法，排队处在现有一根栏杆的基础上，再加一根栏杆，就可避免几百号人排着冗长混乱的队伍，让队伍自动成型。没有加塞儿，没有混乱，不用交通协管员。一个城市好的管理，不光在社保、房价、环境等大的方面，也体现在这点点滴滴的民生中。

在上海的下榻之处，位于第三国际社区。这里曾是民国政府打算建国之处，街道规划很整齐，取名都带"国"字、"政"字，如国秀路、政和路，取国家秀丽、政通仁合之意；也有取自大型战役或者取自民国领袖如松沪路、黄兴路，颇有历史感。这个区域政府先做好了公建配套，再卖地。街道、绿化、公园、学校、幼儿园规划得井然有序，在这里行走，那种舒适、安宁与国外无异。公建部分本就该政府负责，现实中地方政府总是在卖地的同时一并委托给开发商去做公建。商人总是逐利的，能省则省，尤其绿化方面，所以新建的城区，在绿化方面少有大气之作。

我喜欢上海，喜欢它的浪漫、精致和小资。尤其宋代后，汉文化的精英都在江南，历朝历代的文人墨客，才子佳人都曾在这里粉墨登场，这里有正统汉文化的传承。这里也是美食的天下，上海菜融会了苏、浙、淮扬三大菜系的特点，有1000年的美食传统。你既可以在高档餐馆里大快朵颐，又可在街边小酌，几乎任何一个本地小店，都不会让你失望。

上海的精致体现在点点滴滴里，除了高铁站的出租车管理，机场管理也让人称赞。落地通道分有行李和无行李通道，领取行李时，每个航班有两个并排相连的行李转盘，检验行李的空乘，站在每两个转盘口处检验行李。这是我见过最合理的设计，乘客走得路最少，且最大限度保证每个人接触行李转盘的空间。上海每个路牌，除了有路的标示，还很贴心地标出起始路牌号和结束路牌号。还比如在超市，随处可见的购物车，加装了自动管理装置，只需要一个硬币，你就可以取走，购完物，你需要归还到指定存车处，才可取走那一枚硬币。和新加坡一次性地铁币的管理一样。民众是需要管理的，有好的规则，才有好的秩序。

上海普遍来说，素质较高，人较温和。你能接触很多老式知识分子的内敛、细腻和周到。就连出租车司机也总是很礼貌，很职业。留在这个城市好好地品，连它的市井文化和吴侬软语都特别有味道。

我们下榻之处，院子里有一个大草坪，每栋楼前有一个水池，里面养了各式的金鱼。窗外极为养眼，曾经的工地已经落成一栋栋小别墅。别墅之外是大片的绿地，绿地之外就是江边的写字楼群。

其实离江边还远，只是视野极好，一览无余。

晚饭后在街边散步，街边没有一辆车，甚至没有一个行人，只有浓密的绿植、宽阔的街道。习惯了拥挤，这里竟像是世外桃源般的宁静与舒适。上海的夜晚是迷人的，尤其黄浦江的夜景最负盛名。夜幕下吉他手用迷人的嗓音轻轻低唱，两岸绚烂的霓虹灯现代而奢靡，加上偶尔的汽笛和一对对热恋的情侣，总是让你不自觉地萌生爱意，流连忘返。

2013 年 6 月 13 日

利顺德

国内城市游中，天津是个不错的选择。距京城不过一个小时的车程，却是另一番城市风貌。1860 年天津成为通商口岸后，西方多国在天津设立了租界，天津成为中国北方开放的前沿和近代中国"洋务"运动的基地。民国初年，天津在政治舞台上扮演过重要角色，数以百计的下野官僚、政客以及清朝遗老进入天津租界避难，以图谋复辟。

23000 多亩的租界区里，有着欧洲各国风格各异的建筑，小洋楼林立。前两世纪这里曾有 500 多名当时的名流寓居天津，形成显赫一时的寓公阶层。来天津转转，你既可以找到孙中山的住处，也可以参观梁启超的饮冰室，还可找到张勋、溥仪、孙殿英隐居的豪宅。无论老建筑还是近些年的新建筑都遥相呼应，风格统一。

街道规划、街心花园无一不让你赞叹，恍若置身欧洲。尤其这些100多年的古老建筑，至今看起来依然像一个个艺术品一样赏心悦目。城市的规划就应这样，每个建筑都要拥有艺术和品位，毕竟建筑是凝固的历史，要经得起时间的考验。一群一群毫无美感的方块楼矗立在城市中，只能显示出城市管理者的粗糙。一个城市的文明体现在点滴生活中。

位于原英租界区的利顺德大酒店，是我国历史上第一家涉外酒店。1863年建造，经过四次翻修，依然古朴、典雅、贵气十足。一踏足酒店，不自觉你就会被这里肃穆高贵的气场所吸引。左手边是一20世纪30年代最常见的旋转木楼梯，上面铺着厚厚的豪华地毯，左前方陈列着一辆20世纪30年代的老爷车，右手边是酒店前台。前台的后面墙壁上镶嵌了一巨幅类似《清明上河图》的金属壁画，和大多数酒店不同，既透着文化又透着历史感。正冲着大门的是著名的维多利亚中庭，一个巨大的阳光房足足有四层楼高。温暖和煦的阳光从顶部透射下来，宽敞明亮。里面的布置颇具匠心，彩色艺术品沙发、绿色植物、软饰构建出若干独立空间，依稀能看到当时的社会精英、头面人物在这里喝茶、畅谈的场景。佛说万物有灵，一个好的环境能把你带入一种意境，让你心跳加快，血脉贲张。

酒店的2楼，住过许多曾经的政商名流例如曹锟、傅作义，孙中山等等。这里回廊蜿蜒，光线迷离，古朴幽静。走廊里不经意间的民国青瓷、老式电话、极具内涵的油画，处处体现历史的凝重。房间超大，足足有几十平方米。里面的陈设现在看起来亦不过时，民国时期的沙发样式，坐起来很舒服；房间的油画，典雅大气；床很高，四角有幔帐，但没有顶，房间太大，这幔帐只是为了用来聚气；卫生间洗浴镜后安装了液晶电视。这里除了古老还透着现代。

酒店入住后，前台会给你一张酒店博物馆参观券。酒店里有自己的博物馆，这大概在全国来说是独一家了。里面记录了自1863年以来酒店的变迁史，以及与众多历史名人的渊源，例如美国总统胡佛、袁世凯、黎元洪、冯国璋、徐世昌、周恩来、张学良、赵一荻、李鸿章、黄兴、屈武、蔡锷、小凤仙、班禅、梅兰芳……

这个百年老店特别之处不仅有厚重的历史，还有神秘的气场，据说有人在酒店外的海河边还拍到过灵异现象。

2013 年 5 月 13 日

酒店大堂

100年前租界区的街道规划还是让人称赞

烟花三月下扬州

　　扬州在记忆里是一座浪漫唯美的城市，提起扬州就会想起那些脍炙人口的诗句"二十四桥明月夜，玉人何处教吹萧""烟花三月下扬州"，想起康乾盛世的六下江南，秦淮两岸盐商巨贾的奢华以及文人墨客在扬州的无数佳话。

　　我和C君决定追随先人的足迹，烟花三月下扬州，一睹久已向往中的江南美景。江南曾是盛产才子与佳人的故乡，一踏上扬州，我们就开始寻找传说中的扬州美女，很遗憾，妙龄时尚的美女寥寥。因是周末，人很多。在繁华的市中心想找个像样的餐馆很难，到处人山人海。走累了，就随便找了个比较偏僻的小餐馆，门脸很小，餐具很破旧，心里隐隐有些失望。点了三菜一汤，没想到，菜品的口味竟丝毫不比大饭店的逊色，这令我和C君对这家小餐馆不禁侧目。突然想起，这里就是中国的四大菜系之一、名闻天下的淮扬菜的故乡，不禁心喜。在随后的几天，每餐饭都是一次美好的体验，尤其在大明寺旁边的一家素食馆，很小很破旧的门脸，做出的素食却是如此美味佳肴。走过多地，从没有吃过这么好吃的素食，至今回味起来，都是口有余香。除了碗碟不讲究，他的刀工、味道、配菜都非常考究，做出的肉食、海鲜非常逼真，让人连连称奇。不得不感慨，扬州的师傅个个都是大师傅，1000 年的美食传统确实没有浪得虚名，真是吃在扬州！

来扬州，瘦西湖是必去的景点。唐代的李白、杜牧，宋代的欧阳修、苏轼都曾在这里流连忘，留下旷世佳句。在湖边慢慢散步，一路欣赏"两岸花柳全依水，一路楼台直到山"；看湖面碧波荡漾，赏旷世奇观的琼花；追寻诗人杜牧笔下的二十四桥，遥想着当年才子佳人在这里吟诗吹箫，歌舞升平，风流宛在；心里不禁暖暖的，再烦恼，在这里都会融化，你会不知不觉融入它的平静与浪漫。

扬州还是佛教圣地。相传扬州自古就有车马少于船，寺庙多是宅的说法。光市区就有 100 多处寺庙，目前比较出名的寺庙有天宁寺。天宁寺曾是东晋谢安的别墅，康熙、乾隆下江南时的行宫。尼泊尔高僧佛驮跋陀罗在此翻译《华严经》，曹寅受康熙之命，在此刊刻《全唐诗》。

大明寺是鉴真和尚东渡日本之前的道场。宋代的欧阳修在扬州做太守时喜欢这里的古朴清幽，在大明寺里修缮了平山堂。史载，每到暑天，公余之暇，他常携朋友来此饮酒赋诗。他们饮酒方式颇为特别，常叫仆人去不远处的邵伯湖取荷花千余朵，分插百许盆。放在客人之间，然后让歌伎取一花传客，依次摘其瓣，谁轮到最后一片则饮酒一杯，赋诗一首，往往到夜，载月而归。这就是当时的击鼓传花、坐花载月的由来。

高旻寺是禅宗四大根本道场之一。300 年前曹寅为康熙第五次下江南，花费巨资在高旻寺西南建造了塔湾行宫。高旻寺与《红楼梦》的缘分，也就是从这里开始。曹家为康熙四次南巡接驾，耗尽万贯家财，并形成巨大亏空，由盛而衰，只空留红楼一梦。斯人往事，依然让人唏嘘不已。

扬州的独特之处还在于它那无处不在的南方园林。市区的古建筑保留较多，灰瓦白墙、层层叠叠的飞檐，是这座城市古建筑的标志。明清时期，富庶的徽商在扬州一带经商，建造了大量园林。两淮盐业总商黄至筠修建的个园占地 40 余亩，为我国四大名园之一，假山、翠竹、亭台颇具特色。园子里可以欣赏到一年四季的景色，园子的主人可谓颇具匠心。徽帮在明清中期为中国十大商帮之首，徽商有个特点"贾而好儒"。有些实力的徽商都在家里养戏班，养文人。有的徽商家养的戏班就多达 200～300 人，其富可敌国，可见一斑。徽戏进京与汉戏结合，形成了今天的京剧。

　　这是一座充满魅力的城市，曾经绵延了两汉、隋唐、清代2000 年的繁华，至今影响深远。但凡来过一次，你就会为它着迷，今生再不能放下。江南好，能不忆江南。

2011 年 3 月 30 日

扬州的师傅个个都是大师傅，1000 年的美食
传统确实没有浪得虚名，真是吃在扬州

天府之国

　　成都有个令人充满遐想的别名——天府之国。那一片土地似乎总是与快乐相连，从古至今都是文人墨客的至爱。2010年的端午，终于领教了天府之国的魅力。

　　走在成都最繁华的步行街春熙路上，迎面而来的各色美女，让人目不暇接。适中的身材，白皙的皮肤，恬淡的妆容，美目流转，时刻提醒你已经来到了中国的美女故乡——四川。四川的美女和燕赵的美女颇有渊源。据史料记载，中国第一个出美女的故乡是燕赵，秦灭赵时，赵国一部分贵族迁徙到了四川，把冶铁技术带到了四川，带旺了当地的经济，也把美人的种子留在了四川。对比两地的美女，还真是有几分相像，都是白皙的皮肤，姣好的容貌，丰满的身材。不过赵地地处中原一带，历来为兵家必争之地，赵国首都邯郸在历史上兴盛了 1000 年后逐渐衰落了。四川的美女在崇山峻岭的保护下绵延至今。

走在成都的街头，你会感受到无处不在的悠闲、惬意。一般一个城市只有一条主要的步行街，而成都除了大名鼎鼎的春熙路时尚步行街，还有古香古色的锦里步行街，透着书卷气的文殊坊，百年历史的宽窄巷子。每一条步行街都各具特色，传说锦里曾是西蜀历史上最古老、最具有商业气息的街道之一，早在秦汉、三国时期便闻名全国。在这条街上，浓缩了成都生活的精华：有茶楼、客栈、酒楼、酒吧、戏台、风味小吃、工艺品、土特产，号称"西蜀第一街"，被誉为"成都版清明上河图"。文殊坊以禅文化、民俗文化为主题。在这里，你不经意间的抬眼，就会感受到特有的川西文化：精致的孔明扇、彩陶、漆器，不大的书店里有着各种有关三国的书籍、经史，竟然还有奇门遁甲、术数一类的书籍。一不留神还可走入国学馆，别有洞天的小院落，温一壶绿茶，听听大师的高谈阔论，相当地"巴适地噻"（本地土语，舒服的意思）。开讲座的大师也未必都一把年纪，也许只是个不到 30 岁的年青人，却号称已掌握了奇门遁甲术。这正是成都的魅力，不止有美女，还能遇到奇人。在这条街上有个四川会馆，会举办歌赛一类的活动。走累了，一抬脚跨入一个小店，"一品天下"，名字相当大气。坐在庭院里，点一碗玫瑰冰粉，清爽宜人。临走一抬头，你也许会撞见正宗麻婆豆腐店，店里还有人为麻婆豆腐赋诗一首："麻婆豆腐，四川之花，质朴世俗，中华奇葩。"

来到成都，不可错过宽窄巷子，古朴川西建筑，三条巷子，定位井然，特色餐馆小吃街，特色酒吧街，特色小饰品街。每个门脸都是精心设计，布局摆设处处体现川西美感。每个游客一路下来，都会流连忘返，心中不得不佩服，川蜀有高人。

成都人把玩叫作耍，在锦里的附近竟然还有个耍都，那场面真是壮观，酒吧、小吃，几千人沸沸扬扬。尤其世界杯开赛之际，到处是投影，到处是狂欢。在他乡加入狂欢的队伍，入乡随俗，每顿以酒助兴，觥筹交错，忘乎所以实在是乐事。

成都除了浓郁的人文气息，更有令人叹为观止的自然风光。名闻天下、犹如童话世界的九寨沟，那五彩的花海，壮观的瀑布，苍翠的原始森林，可以无限放飞你的心情。

好吃，好看，好玩。成都真是一座让人来了就不想走的城市，应了那句老话"少不入川，老不离蜀"。

2010 年 11 月 26 日

好吃，好看，好玩

到哪里去养老

妈妈腿疾又犯，不能着凉，有点向往冬天的海南。我开始关注海南的养生公寓。网上的资料很少，大多看起来不那么正规，条件也比较简陋。终于发现一家海南三亚号称四星级装修标准的公寓网站，图片上看离海不远的三栋高楼颇为壮观，房间内像是星级宾馆的样子，看着很温馨，包吃包住，一月4000，周围不远处，还有医院。似乎还不错，只是，这楼只有上半截，没有下半截图片。鉴于国内的诚信环境，决定还是亲自飞往海南考察一下。

落地已经凌晨了，深圳每天飞往海南要么半夜，要么清晨，说是四天假期，其实只有两个白天。睡意蒙眬的司机，面无表情地接上我们，开了十分钟，拐进一条巷子里。开始听到狗叫，路面坑洼不平，周围高高低低的建筑，显得很杂乱。心里一沉："完了，不会是进村了吧？"。几分钟后，和联络人接上头，进了一栋大楼，像是刚建成的，还没做彻底保洁。安排在507，一推门，心就凉了。这哪是四星？连一星都勉强，家具破旧，热水器是坏的，房间超大，床单还算干净。这大半夜的，走都没法走，旺季的海南，酒店到处爆满。

第二天一早，下楼去考察他们的餐厅，果然很差。一对上海老夫妇正在郁闷地喝粥，抱怨说一交交了三个月的房费，不给退，走也走不了。我暗自庆幸，好在来考察了。网上的东西，真真假假，虚虚实实，国内商家不诚信，见怪不怪了，大家都习以为常。你去较真，维权成本太高，会让自己的生活充满烦恼。

我和C君在村里溜达，来来往往见了不少当地摩的，左边有个斗，可以乘坐俩人。无门无窗，很乡土。一个黑黝黝的渔民热情地向我们招揽生意，暂时看不到的士，我们便搭乘了一辆。摩的"突突"地向村尾驶去。周围不少小摊小贩，我和C君手挽着手，心里不禁直乐，海南游，成了农家乐。没几分钟，突然眼前豁然开朗，一片美丽的沙滩椰林、蓝天碧海，跃然眼前。原来这村离海只咫尺之遥。摩的司机小薛帮我们介绍了临海的一家家庭旅馆，独门小院，粉色的六层小楼。走进去，条件还不错，尤其推开房门，一个大落地窗，窗外50米，就是沙滩椰林，蔚蓝色的大海。无敌海景，心情一下好起来。

　　小薛 20 多岁很活泼，一边带我们在沙滩上散步，一边给我们介绍当地的风土人情。看到水果摊，我正打算买个椰子尝尝，小薛说："不要，一会儿，我上树给你摘几个。"这让我很意外，更意外的是小薛说他今天很高兴，想为我们唱首歌，说完竟然就唱起来了。三亚的渔民怎么这么淳朴？我和小薛聊天："你们还打鱼吗？""打，我姐夫开了家餐厅。天气好的时候，晚上出来打鱼。""都能打到什么鱼？""各种斑鱼，大螃蟹，鱿鱼。""螃蟹大吗？""大，有半个脸盆那么大，很好吃。"听着很诱人。望着这个只有小学二年级的渔民，想想他们的生活，真是自由自在。渴了，上树摘二个椰子；饿了，可以到海里捕点鱼。随心情，还可以和天南海北的游客在这洁白的沙滩上聊天玩耍，当个小导游挣点外快，怪不得朋友抱怨当地招工难。三亚的渔民没有生活压力。不只如此，渔民家里的宅基地，个个盖起七八层，甚至十几层的楼房，光靠租金，一年不干活，也没问题。

　　小薛说："我家条件不好，我姐夫开了家餐厅，中午去我家吃饭，好吗？""好啊。"我答应得很爽快，心里隐隐感觉，也许餐厅条件不好。从沙滩回来，坐上小薛的车，刚上车就下车了。原来他姐夫的餐厅就在路边一个很大的档铺，就在我的旅店隔壁。人很多，熙熙攘攘的。我走到生鲜前看了一眼螃蟹的标价，个头不大，很普通，在深圳也就 50 ~ 60 元之间，这里标价 180 元一斤。

服务员看起来很豪爽，带着很粗的金链子，一张口："要几斤？"一回头，小薛不见了。

　　有朋友建议可以考察下海南北部的养老环境。同样洁净的空气，气候没那么热，比较适合北方人。海南南部开发的早，商业化氛围比较浓厚，北部开发的晚，人文和环境会更原生态些。尤其文昌清澜镇值得重点关注。

　　之前对于文昌的印象，仅限于大名鼎鼎的文昌鸡。深圳有一吃海南椰子鸡的饭馆，天天爆满。椰香鸡汤，嫩滑鸡肉，确实是百吃不厌。看似简单，但别家学不来，因为这家的鸡是每天专门从文昌空运而来的。一方水土养一方人，一方水土养一方鸡。我决定深入文昌，一探究竟。

　　海南房产大多是大盘，年代新，起点高。通常一部分做住家，一部分拿来做体验式酒店。这通常是度假房产的营销策略之一。这次，我们就住在这样一家体验式酒店里，距海200米，南欧建筑风格，白墙、红房顶。由业内赫赫有名的加拿大棕榈园景观公司设计，热带园林景观超梦幻。每一处空地都别出心裁，精心设计。除上千种珍稀热带雨植，小桥、流水、雕塑、秋千、木椅、石凳、甚至每一条路面都力求多变完美。4000多住户，每年搞几十场活动，是很不错的、居家养生的住处。唯一不好的是，文昌地处半岛，三面环海，有几个月潮湿；不像三亚的冬天，温暖如春。小区每天四趟班车往返于清澜菜市，紧挨菜市那里还有个环球码头。每天当地渔民捕捞归来，就在这里沿街叫卖。各种海货让你眼花缭乱，野生糕蟹 35 元一斤，龙虾 20 元一只，石斑鱼 35 元一斤。买好，可在旁边的饭馆加工一下，加工费 10 元一斤，厨艺不错。来这里，你可以过足海鲜瘾。

文昌这里除了看海，还有世界级的红树林，面积达 1.7 万余亩，举目四顾，不见首尾，拥有 32 个红树品种，是我国红树品种最多的地方。不像别处红树林只能远观，这里的红树林由于当地政府精心搭建了木桥，游客可以深入红树林腹地大饱眼福。海里生长的红树林和陆地生长的树木的确有很大不同，区别主要在根部，发达的根部盘根错节交织在一起形成密密的网。沿着曲曲弯弯的木桥，首先看到的是 100 年树龄的正红树群落，走下去不多远就是 300 年树龄的海莲群落，再走下去还有上千年树龄的群落。随着树干越来越粗，满眼奇形怪状，扭捏多姿的枝枝桠桠，你犹如不小心闯进了王母娘娘的蟠桃园，感受三千年一开花、三千年一结果的奇幻世界。

文昌龙楼镇有个国家自然保护区铜鼓岭。开车上山后，可以看到文昌最美丽、最原始的海湾"月亮湾"。离铜鼓岭不远处是石头公园，巨大的礁石横亘在岸边。攀上礁石，人变得很渺小，会有一种沧海桑田的感觉。岸边有几处渔家，运气好，赶上渔船捕鱼归来，可以尝到最新鲜的野生海鲜。上渔船采购海鲜时，一般乘坐两米见方的泡沫筏子，随着海浪，晃晃悠悠地靠近搁浅的渔船。打开渔船底舱的那一刻，最激动人心，犹如打开月光宝盒。各种鲜艳、新奇的海洋生物让你眼前一亮。运气好，可以挑到彩色的四个成人手掌大小的鱿鱼、海蟹、海虾、巨大的拔皮鱼。上岸后，可以找渔家饭馆加工。在海边吹着海风，吃着美味，很是享受。怪不得海南人那么超脱，我们加班加点追求的，不过是他们最普通、最平常的日子罢了。

来文昌还有一个常去的景点"东郊椰林"。车行在乡间的小路上，沿途椰林浓阴匝地，极像是在穿越热带雨林。各种品种的椰子树，长椰、短椰、青椰、红椰、黄椰一次让你看个够。这里海边的小木屋，建造的很别致，躺在椰树之间的吊床上，仰观蓝天白云，极惬意。

文昌不仅自然景观超赞，还有人文。这里有对中国历史产生过重大影响的宋氏家族的祖居。更让人惊讶的是，小小文昌竟然盛产将军，国共两军竟有204名文昌籍将军，文昌也被誉为"将军之乡"。文昌汉族居多，在海南平均受教育程度较高，算是有文化的城市。真不愧是人杰地灵的好地方。

这里是真正原生态的旅游。以上景点游玩下来，要穿越五六个镇，淡季只要 400 ~ 500 元，其实这连油费都不够。你多给点小费，我们的司机小孙竟然羞涩拒绝了，然后不紧不慢地解释说："我们本地人对钱看得不是那么重。我们不会象大陆人一样为了钱拼命加班加点，这里的人有钱没钱一样结婚，不会为了房子发愁。我们大多还住在瓦房里。来这里买楼的都是外省人。"

改革开放这么多年，这里的人竟然还没有被金钱所诱惑，像一片净土，让人颇感意外。这里不仅人好，连蚊子也温柔。被蚊子叮了几个包，有痒，但不是那么痒。想起从西藏回来，被叮的几个大包红肿得老高，两星期都不下去，接着就发烧，毒性之烈让人难忘。

这真是一方水土养一方鸡，还要加上一方水土养一方蚊。不自觉地你就会对这里的一草一木陡生好感。

2013 年 4 月 8 日

这真是一方水土养一方鸡，还要加上一方水土养一方
蚊。不自觉地你就会对这里的一草一木陡生好感

文昌红树林1.7万余亩，举目四顾，不见首尾。占目前全世界红树品种81种的40%，是我国红树品种最多的地方

买画记

　　沙发后的主墙空了许多年，一直想等一幅心仪的作品。关于绘画艺术，我和 C 君是外行。凭感觉，我喜欢抽象，C 喜欢静物。

　　周末，难得 C 君休息，于是我们打算去大芬村碰碰运气。深圳大芬村号称中国油画第一村。这里聚集了上千家画廊、工作室、艺术品公司，拥有上万名专业画师，进行油画的原创、临摹、批发和出口，是深圳响当当的一张文化名片。

　　进入村子，一股浓郁的文化气息扑面而来，各种流派、各种画风的作品，让人眼花缭乱。这么密集的画廊，买家也就只能走马观花，除了少数展示的，那么多凝聚作者心血的作品甚至都无缘面世。靠艺术吃饭太难，但如果没有艺术，这世界又该多么的单调和无趣。

逛了很久，拿不定主意。我们分别看中了一家抽象画廊，一家静物画廊。我看中的卖家是个儒雅的长者，他耐心地给我讲解抽象流派代表人物赵无极和朱德群，又讲这作品是他女儿的，他女儿在大芬村是小有名气的女画家，她原创的人物作品一般卖到几十万，平安保险董事长马明哲收藏了许多。接着又带我们参观了他家另一处原创画廊。这一招比较管用，C君依了我。达成一致意见时已经很晚了。我们匆匆挑选了一幅色彩靓丽的朱德群作品，高高兴兴回家了。

回到家，才发现买大了，与墙面不太协调。再仔细欣赏这画，左看右看，似乎也不大对劲。在斑斓色块中，我看出两个变异人头和一只耗子，C君看出两头驴，这寓意可不大好。和卖家商量换一幅，卖家爽快答应了。

我想换幅赵无极的。第二天，在卖家剩余作品中，仔细挑选，都不甚满意。勉强拿出两幅，一幅以绿色为基调，一幅以红色为基调。绿色下半部还成，有点中国山水写意的感觉；上半部没看懂，绿色使用太多，红色的那幅太过耀眼。很难权衡，我轻声地对C君说："选绿色那幅，沙发后面天天暴风骤雨？"C君直乐。"选红色那幅，我怎么感觉像是天崩地裂啊？"，C君更乐了："瞧你这抽象抽的。"实在是为难，直接退吧，似乎又开不了口。这毕竟不是衣服，对作者太不尊敬。咬咬牙，还是收藏了吧，就当支持了一把艺术。

　　虽然买下，但这作品实在不理想，我说："还是再看看别家的抽象画吧。" C君笑说："你还抽啊？"这一次选画，老天比较眷顾我们。我和C君同时看中了一幅静物画《白桦林》和一幅抽象画《花瓣·露珠》。这两幅画都是一眼让你心动。前一幅透着欢快、明亮，一种静静的美；后一幅装裱也很考究，透着高贵、轻盈和灵动。

　　那一刻，我突然悟了：好的绘画作品如同好的文学作品一样。一部好的文学作品，不是简单文字的堆砌，而是字里行间有种意识流，文字之外散发出一种独特的味道，它自己是有生命力的。一幅好的绘画作品，也是一样，不管画什么，展现的都是一种独特意境，充满灵气，有种生活的提炼与升华。大部分作品未能打动你，回头看，是因为太多雷同。作品未能注入作者的灵魂，原创力不够，而这，正是我们这个民族所欠缺的。

2013 年 1 月 29 日

你会是公正的法官吗

让我们做个假设，假如你是一名火车司机，你驾驶的火车刹车装置意外失灵。这时刚好铁轨前方有 5 个人休息，旁边的轨道有 1 个人。这时你会怎么做？

A. 任由火车直行杀死前方的 5 个人

B. 拐向旁边的轨道杀死 1 个人

很多人会选 B。选 B 答案的理由，似乎不用思考，让 1 个人死总比让 5 个人死好。

5 个人生命的价值一定大于 1 个人的生命价值吗？如果旁边那个人是你挚爱的人，或者你就是那个可怜的人，你还会选 B 吗？

好的，请你再做一个选择。

假如有 5 个人急需要移植器官心、肝、脾、肾、肺，生命危在旦夕。这时隔壁来了 1 个正常人，你会为了挽救那 5 个病人而杀死这个正常人吗？

大多数人会摇头。

很有意思，同样是杀死 1 个人，可以挽救 5 个人的生命，第二种情况，人们就会同情那个正常人，认为每个人的生命不可以轻易被人剥夺。

这是哈佛公开课《公正》里的一个著名案例。让我们重新思考什么是生命的自由。如果你是决策者该如何对待弱势群体？是否有权利为了一部分人的利益去牺牲另一部分人的利益？或者为了大多数人的利益去牺牲少部分人的利益？如果没有认真思考过，也许做了有违社会公正的事情还浑然不知。

你会是公正的法官吗？

2012 年 3 月 13 日

香港见闻

　　离开南方一年多,刚回来还有些不适应。这里物价暴涨得厉害,随随便便一双丝袜就好几百,怪不得媒体报道深圳市民周末都排队到香港打酱油。

　　香港街头有很多打折的小店,品种繁多、款式不错,大型购物中心里名牌商品也物有所值。和深圳作对比,你突然发现这里的物价多年来没什么太大变化。

　　刚下车时,闻到一股异香,忍不住在旁边的茶餐厅吃了顿下午茶(其实异香是旁边小店的荷花茶,搞错了)。50港元吃得很好,一边喝着奶茶,一边欣赏着窗外的街景。突然听到高音喇叭喧哗,原来是街头游行,一看表是下午3点。去年底至今年初,由非洲突尼斯政权更迭,引发世界局势动荡,这里竟然也有游行。

　　游行的开头是一辆货车，侧面有一个广告牌，上面写着："支持政府长远预算规划"一行小字，"欢迎市民参加"，货车的后面是长长的游行队伍，有不同的社会团体，打着自己的标语牌。大概有几百人的样子，很整齐。在队伍的最后是几辆警车、摩托车，一切井然有序。

　　游行的诉求很明确，"支持政府长远预算规划"，言词不激烈。标语"欢迎市民参加"类似提醒天下兴亡，匹夫有责。这种表达民意的方式，很文明，对港府高官同样有震慑作用，这真挺好的。

　　想起龙应台1986年在台湾曾做过的一个著名演讲，结尾："我的梦想是，中国的下一代人在任何一个晚上，任何一个地方可以说出自己的想法，而没有恐惧。我们所做的种种努力是为了下一代人将来会有免于恐惧的自由。"

2011 年 4 月 20 日

屌丝

两个人议论领导，其中一个："领导就是个屌"，恰巧领导路过，停下问："我怎么是个屌？"下属忙说："我们都是屌丝，紧紧围绕在您身旁。"

屌丝一词，2012 年堂而皇之地被时下国人普遍引用，甚至一些名人也自称为屌丝，老屌丝。把屌丝变成弱势群体代名词，可谓当今文化一大奇观。

黑丝也是时下流行的词汇，原意为黑色丝袜，有性感之意。屌丝决然不同。屌，古时常用来骂人，指男性生殖器。古时在文章中为了避免文字不雅，通常用"鸟"字替代。在妇孺皆知的《水浒传》里，施耐庵先生总是让黑旋风李逵将"鸟皇帝""干你鸟事"……挂在嘴边。此字为生僻字，与吊同音，现在通常写吊，不写屌。像吊儿郎当，既形象又直观。没有人会用这个词来形容自己，但不知为何屌丝一词却在中华大地普遍地流行起来，纷纷自称屌丝，形成一种自嘲时尚。

自尊、自重，这是一个大国国民应有的素质。以屌丝形容自己的草根、弱势，自轻，自贱，不尊，不雅。一个不自重的人，怎能获得别人的尊重？一个拥有大量屌丝心态的民族如何赢得其他民族的尊敬？这不应是一个文明国度里应有的文化现象。

2013 年 3 月 9 日

幸福

什么是幸福？各人的理解不同，有人觉得有钱就幸福，有人觉得有权就幸福。我的理解：幸福就是不恐惧。你不担心食品安全，不担心教育公平，不担心空气污染，不担心医患矛盾，不担心老无所依，不担心社会公德，不担心司法公正、不担心有说真话的权利，不担心资产是否缩水……

什么是幸福？幸福就是你身边充满温情、真诚和友善，没有欺骗，没有特权，没有歧视，没有潜规则。能直达人心，感动我们的都是人性中最真的那一部分情感。

在古代，社会各阶层排位，士农工学商。士是具有声望、地位的知识分子和官吏的统称，他们既是国家政治的直接参与者，同时又是社会上层文化、艺术的创造者、传承者。

古时，商人在中西方的地位都不高。

18 世纪的法国曾有过一场争论。有人要求将那些成功的商人封授为贵族，但有人激烈反对。反对者的意见是，贵族本来是世袭的行伍职业，如果金钱能购得靠鲜血和战斗赢得的社会声望，那会败坏整个贵族阶层，损害国家的战斗力。

大概出于同样的道理，中国的士人、文官团体也希望在金钱面前捍卫自己所从事的职业的独立价值和社会声望。

从生活方式上来说，无论中世纪西欧的贵族和还是中国的士大夫阶层往往把慷慨大方视作一种美德，在他们眼里，商人过于逐利，锱铢必较，不具备贵族精神。

时下社会价值观却在悄然地发生着改变，改革开放打开了国人国人的眼界。80 年代中旬，为摆脱经济困境，中央提出"让一部分人先富起来"。这使得商人、有钱人，悄无声息地被时代推崇到了一个很高的地位。人人都觉得钱很重要，以至于人人都想变成商人，参与市场建设。

尤其过去十年，央行超发货币 5 倍，意味着你的收入要大幅增长，购买力才不会贬值。民众从没有感到如此紧迫的赚钱压力。

如果一个社会价值取向过分看重金钱，那么为了急迫赚钱，有人就会不择手段，什么下一代、空气、水、食品安全、药品安全、礼仪全都顾不得了，甚至自己人残害自己人。

市场经济的基础是诚信，市场环境建设的落后会导致一系列社会问题。众人逐利的结果很可能就是背信弃义，一切向钱看。社会道德无可避免地要滑坡。

想起泰坦尼克号油轮沉没时的经典镜头：几位小提琴演奏家在倾斜的油轮上，伴着游客惊恐的尖叫，依旧平静优雅地拉完最后一支曲子。其对职业的敬重，临危不惧的绅士风范让人为之动容。面对死亡，坦然处之的从容正如我们曾有过的侠士风范"重义而不重利"。

一个国家文明程度，除了物质的发达，也体现在民众的素质、思想境界和价值观取向。

关于文化振兴、文化重建，笔者的理解就是：重新构建淳朴的民风，真诚和友善的社会环境；寻找我们丢失的传统，那个向往"士"的境界，而不是崇拜"金钱"的境界；君子爱财，取之有道；那个曾经的"安贫乐道""道之所在，虽千万人吾往矣""富贵不能淫，贫贱不能移，威武不能屈"的风骨；那个令人向往的礼仪之邦，重新珍视诚信、道义、反思、感恩，这些社会道德的基石，做事有框框，有顾忌。

发展文化产业不是把文化产业变成单纯发达的商业，什么赚钱卖什么，一切向钱看，培养一批崇拜金钱的文化商人。

文化商人是一批特殊的商人，担负着文化传播的责任。这一群体为社会提供了什么样的文化产品，直接构建了我们拥有什么样的文化软环境，也引导了民众的价值观的取向。

衡量一个文化商人的成就，不是看他拥有多少财富，而是看他为社会传播了什么思想，是否推动了文明的进步。

在人性的光辉里，真诚和友善才能给我们带来温暖。人们对职业真诚，各自遵守各自的职业操守，明白各自的社会责任。文人才像文人，医生才像医生，老师才像老师。文人像个文人，才能给我们带来思想的盛宴。如果文人也唯利是图，沦落成商人，那这个社会就是功利社会，是文明的退步。

幸福是个人内心的感受，只决定于这一生收获的真诚和爱，无关其他，这种真诚和爱不止来自家庭，也来自充满温情的社会。

2012 年 12 月 5 日

十年

2013 年 3 月两会期间，央视提到目前人民生活水平比十年前大幅提高。举例 13 亿国人现在拥有 1 亿辆私家车，平均每 10 人就拥有 1 辆小汽车。人人拥有私家车这事到底是不是好事，值得商榷。

在我国人口众多、公共交通设施还很落后的情况下，大力发展私家车，其后果就是时至今日面临无处不堵和无处停车的尴尬境地。再者，我们国家本身就是个能源短缺的国家，每年有一半的石油靠进口满足。大力发展私人轿车，对石油日益增长的刚性需求，无可避免地推升油价，高昂的运输成本，转嫁到每一件商品中，导致最终物价上涨，推升通胀。田间、地头的农产品并不贵，可是高昂的运费却让身边的每一件商品都不再廉价。大力发展私人汽车，还有一个致命的危害，就是环境污染。大量的尾气排放，导致多地 PM2.5 不止超标，甚至暴表。不仅首都冬季已彻底变为雾都，就连没有重工业的滨海城市深圳也开始常常灰霾一片，蓝天、白云也开始显得格外珍贵。

1998-2002 年的中央文件和讲话精神是不主张大力发展私家车和商品房的。当时曾想借鉴马来西亚、新加坡的房地产经验，大力发展保障房、安居房和公租房，限制商品房的发展。这个文件曾于 2002 年下达各省，但不知为何，最终未能推行下去。政府推出的地块，如没有特别要求，一般开发商都会定位成商品房，因为商人毕竟是逐利的。每年政府推出的地块，极为有限，僧多粥少，加之市场竞拍的结果，就是各地地王的频出。这么高的地价，开发商没有动力做微利保障房。没有了政府的强制和引导，10 年之后，中华大地遍地都是私家车和价格高昂的商品房。

大力发展私家车的后果，就是上述情况，堵和通胀不说，光治理雾霾，至少也要若干年。大力发展商品房的后果，就是老百姓买不起房。富人愈来愈富有，穷人愈来愈贫穷，贫富严重分化。现如今的许多矛盾也源于这巨大的财富落差，信仰、道德、文化在金钱面前显得那么脆弱不堪。

2013 年 3 月 14 日

中国房事

应朋友之邀，清明去了趟上海，此时正值樱花盛开的季节。拎着行李箱远远望见院门口一排樱花树冰清玉洁。在微微的春风里宛若一群盛装的婀娜少女，轻轻抖动曼妙的舞姿，无数细小洁白如雪的花瓣飘飘洒洒在必经的路旁。空气中弥漫着浓郁的春的气息。

下榻之处，是个朝向很好的公寓，阳光透过落地的玻璃窗，温柔地洒进室内，到处明亮整洁。楼下是一个湿地公园，里面有一个壮观的人工湖，湖里有芦苇，湖边和若干码头都有长凳。清晨锻炼完，双腿盘坐在长凳上打坐，面朝静静的湖水和芦苇，有种与日月同辉，汲取天地精华之美。

这是一座美国人建造的楼盘，朋友当初买美国人的盘，是看重了它的品质和服务。房间 3.2 米的层高，清一色的进口家电，处处彰显大气，地段好，价格合理，确实很有投资潜力。朋友说当初这个盘开盘颇为戏剧，因为买房人实在太多，内部人都不够分，开发商只得半夜悄悄开盘，临时通知，能在 2 小时内带着现金赶来的，就赶上开盘，赶不上就没有办法了。

朋友庆幸地说当时买这房像是打仗一样抢了一套。几个月后，上海这边的房价进入最疯狂、最躁动的时点，这个区域的房价竟然以火箭速度翻番了。

通胀就是这么神奇，如果这个时期，你名下恰好有资产，你就会随着通胀一夜暴富。如果恰好你还没置办资产，你就会绝望地发现一夜之间沦为赤贫了。这和你工作努不努力，勤不勤奋，没太大关系。这严重地损害社会公平，会导致人们心态失衡。

关于财富的积累，其实个人的努力很有限。它和你所处的国内、国外的经济周期有关，也和你所经历的国家政策有关。

理想的情况下，一国都会把经济波动限制在狭小的区域内运行，社会发展较平和，不会出现一夜暴富和一夜赤贫的极端现象。社会心态不会失衡，人们不会为了赶上财富的脚步，不择手段地去赚钱，导致道德沦丧等一系列社会问题。

通胀下的没买房的人日子不好过，同样买了房的人也不会那么舒心。朋友的房子从投资的角度算成功，但收房的过程就不那么愉快了。朋友抱怨收房时发现，漂亮的落地窗被工人刻意地划了几道，开发商答应换，但一拖就是半年。朋友反复催促，开发商说："在和承建商打官司。"朋友问："不会让业主承担最后的结果吧？"答复："不会，会有一定赔偿。"结果到最后，不认账。在中国的土地上，一个美国公司竟然不守法，会让人很不服气。朋友决定找找我们的组织来管管这个牛气的开发商。找了某组织，原以为事实很清楚，应该很好办。没想到某组织的人皱着眉头说："不好办，我们是个公益组织，如果人家不听我们的，我们也没辙。"然后不经意间幽幽地冒了一句，"你那房，我们买不起。"

朋友找了个律师咨询了下，律师说跟开发商打官司一般都输，劝其还是别争了。想必是经验之谈，朋友相当郁闷。

收了房，发现问题不止这，还有很多。朋友说，如果不想挨骗，她需要成为各个领域的专家。

好容易到了最后一个环节，请了两个工人做开荒，刚做了一个小时，门上、柜子里还到处都是灰，工人们就嚷嚷着要付钱。你指出来工作还没做到位，对方却认为你在故意刁难，城里人太难伺候。显然工人们像是刚进城，没受过专业培训，还分不清什么是做保洁，什么是做开荒。

朋友很无奈地和我讲这些，我也只能无奈地看着她。一个城市由各个阶层构成，如果彼此的权益都不能得到保证，心态总是失衡，大家怎么能够和谐相处？

2012 年 4 月 7 日

房价之谜

调控了十年的房价，近期又在悄悄地价增量升。两会前一天，为平抑房价，国务院办公厅突发猛招，公布个人房屋交易环节收取增量部分 20% 个税。一时间一石激起千层浪。

这项政策是什么意思呢？如果十年前，你花 100 万买了一套房，十年后，你的房屋价值升值为 500 万，如果此时你恰好交易，那么为此，你将因增值部分为政府上缴 80 万的税款。这项政策很有意思，政府不必为若干年来为保障房欠账承担责任，不必为货币超发承担责任，但可以在交易环节中又增加一笔可观的收入。名义上为了控制房价，实际上如果房地产市场是卖方市场的话，那么最终的税费还是要转嫁到买家的头上，因为卖家不会吃亏，大不了可以自住。这项政策的确可以抑制二手房的交易，但对房价的影响不见得多有效。

国际经验表明，一个国家人均 GDP 达到 300 美元时，这个国家房地产市场开始启动。当人均 GDP 达到 1300 美元时，进入快速稳定增长期。2012 年我国人均 GDP 已突破 6000 美元，房地产市场正是进入快速稳定增长期。

当下一直在提城镇化，所谓城镇化，就是城市人口达到 70% ~ 80%。我们目前城镇化程度在 52.57%。如果未来用 20 年完成城镇化建设，那么每年也仍将有 1 千多万人口要进城，这是巨大的需求。要平抑房价，除了货币不能超发，开征房产税、遗产税，还要大力建设保障房、安居房、公租房，增加供应。一切抑制需求的政策都是徒劳的。因为价格最终是由供需双方决定的，在世界各国城镇化进程中，那些有大量人口流入的城市房价都是螺旋式增长的。

2013 年 3 月 6 日

如何看人

世人追求成功，但事业成功之人却未必都会做人。

一个人此生财富的多少和他的财商、机遇及当初的职业选择有很大关系。选择新兴成长型行业和选择传统行业，其创造财富的能力通常来说相距甚远，但这和是否会做人没有半点关系。

一个人仕途能走多远，除了个人努力，也有一定运气的成分。因为到一定位置，领导用人不见得只在意人品和能力，也许和你所属的圈子，领导的喜好有关。

每个人命运都不同。除了后天的努力，命和运似乎与出生时的时间和空间也有关。因为每个人出生的时点，在宇宙中，都是唯一的，唯一的时间、唯一的空间，此时宇宙星球间的排列是唯一的，星球间的万有引力也是唯一的，引力也是一种能量，所以那个时点的宇宙能量也是唯一的。不同时点的宇宙能量不同，所以每个人与生俱来带有的能量也不同。

时间确实带有能量。有些人运气就是好，一毕业就赶上经济复苏，有些人就不幸，一毕业就赶上经济危机。事业能做多大，仕途能走多远，确实有运气的成分，不完全和你的人品、能力、努力有关。

但有两件事，可以看穿一个人的修养。处事时这人是否懂得感恩和尊重别人。感恩就是记得别人对你的每一个善意的举动，而不是对别人的付出习以为常。滴水之恩当涌泉相报。所谓人格独立，既包括思想独立，也包括经济独立。一个独立人格是从不欠债的，既不亏欠他人的情和也不欠他人的钱。这个世界上没有任何人有义务给你买单，包括你的亲人。喜欢欠债的，大多人格不独立、喜欢贪小利。在人际交往和商业谈判中，总是有人喜欢沾人便宜。这类人无论地位高低，交往起来，都会让对方很不舒服。

尊重，是人的一生修养以及自我内涵的表现，它反映的是一个人的文化底蕴，道德修养。体现在生活的细节中：比如耐心倾听，守时，电话、短信、微信、邮件及时回复；比如交代的事情及时反馈，谈话时看着对方的眼睛……现实生活中，忽视内在修养，骨子里觉得高人一等的，也大有人在。不尊重对方人格，甚至不留口德。这类人即便事业做的再大，位置再高，再有才华，也很难取得别人内心真正的认同。

真正有魅力的人，值得别人由衷敬佩的，让人温暖的，不是外在的财富和地位带来的，而是人际交往中，一个人由内而外散发出的人格魅力和思想魅力。在中国传统哲学中，认为一个人的最高成就为内圣外王的境界。内圣，为内在修养，外王，为世俗的功名。

2011 年 1 月 14 日

上品

　　理想的伴侣可称之为上品，什么样的人才有资格称之为上品？事业成功的人算是生活中的上品吗？不好说，因为那些事业成功的人，擅长的是工作，未必是生活。这类人往往工作繁忙，无暇发展个人爱好。一旦离开熟悉的工作环境，往往生活中就显乏味，缺乏一定情趣。

　　对待感情世界，有人专情，有人滥情。面对如今遍地的诱惑，有人重视身体的感受，有人重视心灵的感受。"优秀"而滥情的人，其实是无情，只能给你带来痛苦。优秀而专情的人，才能带给你实实在在的温暖。

　　生活中有一类人，未必事业成功，不一定会赚钱，但有情趣，对生活总是充满热情。这种人总能带给你快乐，日子虽平淡，但温馨有趣。

正如花要有色、香、味才美，人要有才、情、趣才可谓之上品。上品之人，气场自是不同，从容、淡定、目光如炬，这已是魅力四射、气度不凡，如果再有外貌和身材，那就更是人中极品，可遇不可求了。

2013 年 5 月 23 日

信仰

　　人人需要爱，爱是什么？我跌倒时，有人扶我起；我犯错时，有人理解；我不配时，有人接纳；我忧伤时，有人安慰；我软弱时，有人帮助；我危险时，有人保护；我迷茫时，有人指引；我可怜时，有人拥抱；我可恨时，依然有人爱！

　　人们终其一生，想找到这样一个人。但从心灵层面上说，世间没有一个人不会令你失望。因为没有一个人能以你的饥为饥，以你的渴为渴，以你的痛为痛，以你的苦为苦；没有一个人能完全理解和体会你内在的软弱与无奈；没有一个人能一次又一次地原谅你、接纳你；没有一个人能无私地将自己的饱足和快乐奉献给你，甚至愿意为你而死！所以当你想依靠别人时，总会因失望而迷茫。

　　宗教的力量就是给你信仰，比如基督教教义宣称耶稣就是那个让你得救的人，主会无条件地爱你，接纳你。你可信赖的只有上帝。如果你把心灵放在上帝那里，你就不会对世人有过多的期盼。没有希望，你就不会失望。你对世人就不会要求过多，并能接纳别人的缺点和不足。像上帝所希望的那样，爱人如己。

　　人是唯一能接受暗示的动物。如果相信有个人时时刻刻伴随着你，你的心灵就不会孤独。老实讲"把心灵放在上帝那里"，实际上上帝既看不到，又摸不着，只能存在你的心里。其实相信上帝，就是相信自己，是潜移默化地培养自立的能力和宽容的胸怀。祷告是感恩，忏悔是反思，都是在培养内在的力量。有信仰的人总是在祷告和反思中感受正能量，所以有信仰的人比无信仰的人更容易感受快乐。

2013 年 6 月 9 日

谈做人

　　成功的人大致分为两种，一是做事成功，二是做人成功。做人不成功，成功是暂时的；做人成功，不成功也是暂时的。要做事，先做人。

　　做人就是修炼自己的品行，在顺境中不贪，在逆境中不怒，做事有度，不卑不亢，拥有智慧。

　　也即佛家讲的人要克服五毒"贪嗔痴慢疑"。贪——贪心，不知足，没有节制。嗔——怨恨，经常生气；对什么东西都分得很清楚，这是我的，这是你的；爱较真。痴——愚痴无明，容易把自己的想法加到别人身上，痴迷，觉得自己就是对的；一门心思、一厢情愿地认为事情就会往自己所设想的方向发展。慢——骄慢自大，怠慢，傲慢，轻慢，对外界不敏感或者对外界没兴趣，只对自己的东西感兴趣；或者是惯性思维，原来我是对的，现在也应该是对的；缺乏激情，缺乏学习精神。疑——狐疑猜忌，怀疑，不信任对方，老疑神疑鬼。

行善可以克服贪念，修忍辱可以克服嗔怒，拥有智慧才可以摆脱愚痴。

行善也即布施，布施不光指财布施，还指身布施、法布施。捐钱是一种献爱心的方式，这叫财布施。比如捐助希望小学，救助灾区，帮助困难家庭。身体力行，做点力所能及的事情，帮助别人，也是行善，比如各类志愿者，这也是一种布施，这叫身布施。有独立思考能力的知识分子作为社会的良心，发出自己的声音，对民众进行思想启蒙，教导别人少走人生的弯路，开启别人的智慧也是一种行善，大善，这是法布施。财布施和身布施能改变他人一时的困境，法布施也许可以改变他人一生的命运。公益不只体现在财布施和身布施，社会还需要更多热心的人去做法布施。

修忍辱，不是指在地位、权势比你高的人面前学会忍，大部分人都可以做到，需要修炼的是指你对别人有恩，而别人却还冒犯你，你的地位和权势远高过他的时候，你是否还能忍辱不发怒。

2013 年 8 月 25 日

悲从智来

佛家讲悲从智来，意思是指越有智慧的人才越有慈悲心、包容心。因为懂得，所以慈悲。不争，不见得是软弱，有时也是一种智慧。因为能洞察，所以宽容。人之所以痛苦，是因为看不懂、想不通。如果看得懂、想得通，就会有得体的对策，一切难题自会迎刃而解。

来到寺院，你问和尚："为什么学佛？"通常得到的答案都是"为了脱苦得乐"。其实换句话说，就是为了开启智慧。

关于拜佛，如果只是给寺庙捐一点善款，自己不做任何改变，就升官发财，那就是迷信了。好人和坏人都可以做到，佛保佑谁呢？

真正的拜佛，是见贤思齐。见到释迦牟尼佛，想到要修行智慧；见到观音菩萨，想到要修行慈悲心；见到普贤菩萨，想到要修行

145

平等心。

　　如果日常行为中都在修行，一个拥有智慧、广结善缘的人，离真正的幸福还远吗？

2012 年 11 月 29 日

求缺

人的一生，有的求官，有的求财，有的求爱，有的求子，有的求卓越，有的求美貌……随着时间的流逝，你无奈地发现不管怎样努力、奋斗，总有些事情无能为力。你不可能拥有全部。

每个人都有擅长的一面，也有不擅长的一面。对你易如反掌的事情，对他人可能就比登天还难。你轻而易举得到大部分人所没有的，也许你就失去大部分人所拥有的。你拥有大部分人所拥有的，也许你就缺乏大部分人所缺乏的。人生总是不够完美。

人越执着什么，就越容易被什么伤害。得不到是苦，得到了，也未见得全是幸福。仿佛命运有一只无形的手，总是在不同的层面上磨炼你的心智。

人游走一世，或前半生受苦，或后半生受苦。无论身份的高低贵贱，或早或晚，你都要品尝生活的酸甜苦辣咸。

　　曾国藩有个书屋，取名为"求缺屋"。缺，是人生的一种常态。有点缺陷，不是什么坏事。如果一切都很完美，那倒是真要小心了。因为你不知道生活里下一张牌是什么，会有什么样真正的苦难在等待着你。

2012 年 8 月 23 日

敬小人

弟子问："师父，您有时候打人，骂人；有时候对人又彬彬有礼。这里面有什么玄机吗？"师父说："对待上等人直指人心，可打可骂，以真面目待他；对待中等人最多隐喻他，要讲分寸，他受不起打骂；对待下等人要面带微笑，双手合十，他很脆弱、心眼儿小，装不下太多的指责和训斥，他只配用世俗的礼节。"

这一段佛门对话重点在后半部。受到批评和指责，中等悟性的人，需要时间来消化，去反思，训斥会适得其反。下等人，内心很脆弱，见识少，悟性差，只能慢慢开导。上等悟性的人，内心强大，受到攻击只会被点醒，但不会被打倒。

从人之常情来说，一般"责之急，怨之深"，每个人都要面子，无论被批评的人悟性高低，如果批评的人能做到"躬自厚而薄责，则远怨矣"。

　　人的一生难免要遇到各种磨难，不如意。终生要学习和驾驭的是掌控情绪，学会和不同层次的人用不同的方法沟通与交流。尤其与那些学历、见识、阅历不如你的人打交道时，注意得理也让三分。凡不守规矩，侵犯别人利益的，都不是上等人干的事，所以训斥总会激化矛盾，要想解决问题，只能学会宽恕，在协商中解决。

2012 年 2 月 13 日

西南联大

"西山苍苍，滇水茫茫。这已不是渤海太行，这已不是衡岳潇湘。同学们，莫忘记失掉的家乡！莫辜负伟大的时代！莫耽误宝贵的辰光！赶紧学习，赶紧准备，抗战，建国，都要我们担当，都要我们担当！同学们，要利用宝贵的时光，要创造伟大的时代，要恢复失掉的家乡！"

这是民国时期西南联大校歌中的一首挽词。无论何时吟唱，都振奋人心，充满忧国忧民的爱国情怀。可以一下把你拉入刀光剑影、血雨腥风的年代。谈起西南联大，现代人大多了解不多，但那是中国历史上非常值得骄傲和炫耀的一所大学。西南联大是抗战爆发后，为保存我国教育精华，当局把燕京大学、清华大学、南开大学三所著名高校南迁至云南组成的联合大学，全称国立西南联合大学。在联大 8 年里，培养了大批杰出人才和一流科学家。包括 8 位两弹一星的元勋、193 位院士、2 位诺贝尔奖得主、4 位国家最高科学技术奖获得者、多位国家领导人。

西南联大不仅大师云集，在教学和科研上成绩卓著，而且是当时"倒孔（祥熙）"运动和""一二·一"运动的发起者和策源地，在爱国民主运动中也发挥了重要作用。

西南联大的成功是中国尊重教育，追求学术独立、科学与民主精神的典范。

当时西南联大的教授权力之大是我们今天难以想象的，对于来自上边的命令，如果感觉不合理，要么据理力争，要么就公开抗议。教授们反对行政当局的事是常有的，因为那时的大学教授是自由流动的。那时的教授少，地位颇高。在校内他们不必害怕校长，更不必害怕教育当局，不合适就走人。因为教授都知道自己的价值，管教育的人也知道是因为有了教授才有的大学，而不是有了大学才有的教授。

据 1927 年 6 月公布的《大学教员资格条例》20 条及《大学教员薪俸表》规定，当时的教授一级月俸国币 500 元。这是什么概念？1924 年鲁迅先生在北京第二次买房，一处位于阜成门内西三条胡同的四合院，包括 3 间正房、3 间南房、东西各两间小厢房，共占地 400 平方米。不算契税和装修费，鲁迅才花了 800 块大洋（银元）。这就是说一个大学教授花两个月的月薪就可以买一座四合院。20 世纪二三十年代是中国知识分子的黄金时代，教授们有底气可以不用为五斗米折腰。民国时期财政支出，第一大为军费，第二大就是教育。现在难以想象抗战期间，当时的政府财政极其困难，但仍然将巨款投向了教育，对大中小学生全部免除学费，甚至提供食宿。

中国近代的伟人、大儒、跨科的通才都出自那个时代，虽然条件艰苦，但那时的大学保持了思想自由和学术自由的土壤，注重精英教育，保存了最完好的教育方式，培养了最优秀的人才。知识分子拥有独立的人格甚为重要，精英阶层如果没有风骨，是一个时代的悲哀。一个国家一流的人才不去从事教育和科研，而不是出国，就是挤破头去考公务员，梦想着当官。这个国家的发展有多少创造力和后劲呢？

解放前天津大学（北洋大学）由于治学严谨，校风朴实，曾与哈佛、耶鲁相伯仲。毕业生可免试进入美国一流大学攻读研究生，因而被誉为"东方的康奈尔"。1948 年，英国牛津大学致函国民政府教育部，确认包括国立中央大学、国立北京大学、国立清华大学、国立浙江大学、国立武汉大学、私立南开大学以及协和医学院的文理科学士毕业生，成绩平均在八十分以上者，享有"牛津之高级生地位"（即今之大学四年级学生）。现如今根据《英国泰晤士高等教育副刊报》报道，2004 年除香港外内地只有两所大学进入世界前 100 位，其中北大排名 17，清华排名 62。2013 – 2014 年，除香港外内地依旧只有两所高校，其中北大滑落至 45 名，清华上升至 50 名。建国后学术水平的滑坡，值得反思。

世界各国教育经费占 GDP 的比重：平均水平为 4.9%，欠发达国家为 4.1%，我国 2011 年为 3.93%。

想起庚子赔款，1906 年伊利诺大学校长送呈罗斯福总统的著名备忘录"哪个国家能做到教育这一代中国青年人，哪个国家就能因此在精神和商业上取得最大的回报"。

美国把庚子赔款用在了国内文化教育事业上，第一批庚款除资助留美学生，1909–1921 年间帮助建立了清华大学、协和医院、协和医学院，1926–1933 年用第二批庚款除用于建设图书馆，研究所外还帮助建立了金陵大学、金陵女子学院、华西协和大学、岭南大学、之江大学、湘雅医学院、圣约翰大学和沪江大学等教会学校。

美国用心良苦的教育计划，成效卓然。清华培养了无数杰出人才和学科带头人，1930 年美国超过日本，成为中国留学生最多的国家，及至现在美国也成了国人移民留学的首选国家。

除美国外，其他列强，也纷纷仿效美国把庚款余额，返还国内文化教育事业。据说当时的中国有一半以上的大学得益于庚款。

民国教育之所以有如此众多的大学在世界领先，和当时教育理念，这批庚子赔款也有关。

17 世纪欧洲的工业革命得益于教育的普及和技术的进步。一个国家的繁荣富强，首先是教育的普及，思想的繁荣，才能有持续不断的创造力。

文明不只是物质世界有多发达，也体现在民众的思想境界有多高，是否懂得礼仪，具备多少创造力的思维。十年树木，百年树人，教育是国家战略、百年大计。文化的传承不止靠政府，也依赖于全社会各界共同的努力。

2012 年 4 月 16 日

北京大雨

　　毫无征兆地，天渐渐暗下来了。窗外下起了雨，雨越下越大。小花园渐渐有了积水，没特别往心里去。在南方，台风暴雨经历得太多，这点风雨不值一提。

　　临傍晚出门，突然发现，大街上到处汪洋一片，汽车密密麻麻挤成一堆。回到院里，陡然发现，家家户户正奋力把车库的积水往外倒。有的人家不知从哪里搞来沙袋把车库门挡了起来。心里一惊，自家不会也淹了吧？回到家，看门外积了不少水，但比前院少很多。跑到地下室，老天，地下室果然被淹了！地下的积水竟然有一指那么厚。

　　第二天一早出去锻炼，家家户户在打扫"战场"。很多人家地下室当成杂物室，全泡了，很是狼狈。据说前院8排、9排、21

156

排比较严重。最严重的，地下室的水漫到大腿，第二天下午 3 点还未清完，真恐怖。

地下工程是一个城市的良心。检验一个城市是否文明发达，下一场雨就够了。每年香港、深圳夏季都要经历几次特大暴雨和台风的考验。再大的暴雨，地上从不积水。北京，一个首都动不动就汪洋一片，下个暴雨就死人，城市管理做到如此，真是让世人见笑。

记得那年去中东土耳其，参观人家的地下水库工程。整整齐齐的几十根巨大柱子由大理石建造，柱子的台基雕成对方将军的头像，俨然一座艺术博物馆，那是人家 1000 年前的地下水工程！不说实用性，这艺术性，就让你叹为观止！

媒体又开始大量报道抗灾救人的感人场面。一个好的城市管理，这样的场面是不应该出现的，这不是山洪，不可控制。如果是有责任的媒体，可不可以把重心放到参与这座城市的管理上来，定期做系列相关报道，监督、推进政府改进地下工程的进度，防患于未然。这样才真正有利于这座城市的健康发展，让下雨死人的悲剧永不再发生。

2012 年 7 月 23 日

责任心

有中日交流回来的老师感慨：日本学生犯了错，全体学生都会受罚，理由是对于集体的荣誉，一个人做得不好，其他人有提醒和帮助的责任。听到这则故事，心里很是触动。这是让孩子从小有担当，不推卸、不做旁观者的教育。从心理学的角度，那个因自己犯错，连累全班受罚的学生，必定加倍内疚，对于责任二字，必定刻骨铭心。

国民素质来自于教育，各国教育拼的就是理念。你要为国家、为社会培养什么样的人。民国时期，我们的教育口号也是"天下兴亡，匹夫有责"。在那样战乱动荡的年代，我们培养了若干铁肩担道义的大师级人才。青年学子一批批涌上街头，宣传爱国，关心国家和时事，对于国家和社会的前途负有义不容辞的责任。

现在在和平时期，还有多少学子有独立思考的能力，明白自己对于国家和社会的责任？

员工无责任心，会导致产品质量不合格，纠纷不断；企业无责心，会导致环境污染、食品安全危机、药品危机；官员无责任心，会出现不作为。

不知道现在有多少老师和家长把责任心看得比孩子的分数更重要？关注孩子心灵的成长高过对分数的重视程度？开启孩子的才能不能输在起跑线上，在做人上为什么要输在起跑线上？

翻开历史，传统礼教统治下的国家，强调各司其职，各自做好自己的角色，完成角色所赋予的责任。为培养民众的责任心，甚至还为冷漠治罪。

《唐律疏议·贼盗律》规定：发生强盗及杀人案件时，被害之家及邻舍，"同伍"（五户为一伍）及"比伍"（邻近的五户）都必须立即向官府报告，"当告而不告，一日杖六十"。若是盗窃罪，则比照这一刑罚，减刑二等。当罪犯劫持人质时，"部司及邻伍知见，避质不格者，徒二年"。意思是说：当看见有犯罪分子劫持人质时，"警察"及邻居不冲上前去搏斗擒拿犯罪嫌疑人者，判刑两年。

《唐律疏议·捕亡律》规定："公安人员"在道路上追捕罪犯，当追捕者因势单力薄而无法制服擒拿罪犯，因而求助于道路上的行人时，"其行人力能助之而不助者，杖八十"。邻居之间也有挺身而出抓捕犯罪分子的义务，"诸邻里被强盗及杀人，告而不救助者，杖一百；闻而不救助者，减一等。力势不能赴救者，速告随近官司，若不告者，亦以不救助论"。如果看见发生火灾，却不报告不扑救，也要治罪。

《唐律疏议·杂律》记载："诸见火起，应告不告，应救不救，减失火罪二等。"其刑罚比照失火罪减二等执行。假如说失火罪徒刑两年，那么发现火灾不报告或不扑救者则要判一年徒刑。

天下兴亡，匹夫有责！国家治理得好与不好，民风是否淳朴，是需要大家一起努力的！

有人曾问昂山素季，民主和法制何时到来？昂山素季说："你看看你曾为推动民主和法制做过什么，你就知道民主和法制何时到来！"

2012 年 7 月 12 日

对不起

学过英文的人，都知道 SORRY （对不起）在英语口语中应用很普遍。但对很多中国人来说，发生小冲突，或妨碍别人时，张口说声对不起，似乎是一件很难的事。

我们经常见到小孩子摔倒时，没哭，心疼的父母一跑过去，小孩子就哭出来。这时，经常见到父母一脸心疼地问："谁把宝宝绊倒了？"

这种思维教育下长大的孩子，发生问题时，首先想到的是对方的错误，很难反思自身存在的问题。

当错误被别人指出时，很少人学会换位思考，反思自身存在的问题。很多人反而用指责对方缺点的方式来掩盖自身的缺点或不道德行为。这种主动攻击的方式往往只能激化矛盾。

宗教文化里有相当一部分内容是教导信徒诚信、感恩和忏悔（反思能力），这是道德传统的组成部分，也是民主国家的公民素质。

什么是素质教育？不是会弹几首钢琴曲，会画几幅画，会点英文，就叫素质。很难想象一个不具备诚信、不懂感恩、不懂得换位思考、不具备反思能力的人，却能具备毫不利己、专门利人、雷锋式的牺牲精神。由这些人能构建成和谐社会？

中国古代儒家要求学生掌握的六种基本才能：礼、乐、射、御、书、数。分别就是礼法、音乐、射箭、驾车、书法、算数。懂礼法，在古代是必备要求，在六艺里排位第一，说明品德比才能重要。

公民素质不只体现在技能，更重要的是和道德有关。是否懂得为别人着想，是否能够换位思考，才真正体现一个人的素质修养。

2012 年 5 月 26 日

红颜

　　由近期沸沸扬扬的依俊卿事件想到红颜的命运。世间美丽的女子总是一道靓丽的风景线，但不是每一个美女的结局都那么如意。现实中往往有的薄命，有的还会成为祸水。

　　窈窕淑女，君子好逑。美貌不止让人羡慕，常常也伴随着嫉妒和非议。如果一个美女没有足够的智慧和情商，往往体验更多的是伤害。有多漂亮，多优秀，老天给你的伤害就会有多大。

　　在官场、职场、商场纵横的漂亮女性，着实风光，但不敢轻易羡慕。因为在男权社会里，如果没有显赫的出身，有点上进心的漂亮女性，单枪匹马地战斗，终究该需要付出怎样的代价？除了专业上的，还要应付女人的嫉妒，某些男性的骚扰。这岂是一般智商、情商的女性所驾驭得了的。

　　在名利场上，保持人格的独立，是件很难的事情。除非无欲，无欲则刚。如果你有求，这个求不是向内，而是向外，你的命运就掌握在别人的手里。关于潜规则，潜规则也不是灵丹妙药。毕竟是拿不上台面的东西，还是有一定风险的。这世上，不是每一次付出都有回报。你想利用别人，但也可能被利用。愿赌服输，这是游戏规则。如果不是真心喜欢，自然就会被伤害。如果真心喜欢，但不能驾驭，也请远离，不然就是毒药，深陷不能自拔。所谓成熟不就是避免伤人也避免受伤吗？这世上有些人是拿来欣赏的，有些人是拿来爱的。

　　如果一个美女在意的是内心的成长，人格独立，思想独立，做事就不会太刻意。命里有的终究会有的，没有的，求也求不得。说点唯心的，没有那么大的命，承受不了那么大的福气。即便得到了，也可能很快失去，能力和职位是要匹配的。自然法则都是顺势而为，走捷径的，终究是要付出代价的。红颜，是否薄命，关键是在于追求什么，求内还是求外。

2013 年 2 月 2 日

孤独与寂寞

独处时，人有两种心镜，一种是孤独，一种是寂寞。

孤独和寂寞不是一回事。

寂寞是百无聊赖、内心空虚、惶恐不安、无法安定的一种焦灼状态。寂寞者的内心是可怜的，因为无法自己和自己好好相处，所以必须热闹，必须社交，让其他人占满自己的时间。

而孤独大都是孤独者沉浸在自己内心世界的一种安定状态。孤独者内心是丰富的、强大的、圆融的、警醒的。孤独者不需要外部世界的价值观来肯定自己，孤独是孤独者自己选择的一种生存状态。孤独者可以身处闹市，也可以呼朋唤友。孤独者的内心是高贵的，比如印度恒河边上的禅者、道教里可以羽化的冥想者。孤独者更爱惜自己的时间，无法容忍低俗、浮躁和虚荣。孤独者宁愿感受一本好书，一杯好茶带来的温暖，静静体味着生命每一个瞬间带来的感悟，喜欢岁月静好。佛家讲三个境界：戒、定、慧。只有定，才能生慧。

2012 年 12 月 4 日

时间的玫瑰

投资是一项有趣的事情，有趣是因为充满变数，现实中无数的变量和黑天鹅事件会左右最终的投资结果。

在资本市场真正的牛人，不是一年赚几倍，而是活得足够久，且每年都有增长。学过财务的人都懂，复利这个东西，会让资产有不可思议的增长。比如，你人生的财富目标是赚1个亿。你只需准备200万启动资金，每年翻一倍，第六个年头，你就是亿万富翁。分解到每个月，你只需抓一个涨停板即可。抓涨停，短线操作的小资金比较容易，大资金抓涨停就不容易了。

每一个热爱投资的人都经历过迷恋技术的阶段，但单靠技术，在这复杂多变的市场中，很难长久活下来。你考虑的因素不够多，那么怎么得来的暴利，暴利还会怎么消失回去。股市像过眼烟云一样，让你见识繁华，更让你体验悲凉。

这里是没有硝烟的战场，没有人可以不交学费，就能成长为投资大师的。这里是最好的地方，也是最差的地方。没有千锤百炼，没有刻骨铭心，你怎会取得真经？

要坚持价值投资，就要和唐僧一样，在取经的路上抵制住各种诱惑。一项成功的投资，考验的不仅是你的智慧、眼光、勇气、胆识还有你的贪婪和恐惧。

在股市中犯错误很正常，关键犯过错误后，能否吃一堑，长一智，这也许是每一个通往金字塔尖，做十分之一精英的必经之路。

时间的玫瑰总是悄悄绽放，不是每个人都可以通过黎明前的黑暗，那需要极大的毅力，坚守心中的信仰！需要在周围塌陷崩溃的时刻，依旧保持清醒的大脑，寂寞的坚持！

2013 年 3 月 3 日

一见钟情

　　人世间有一种情颇令人向往，那就是一见钟情。一种惊为天人，默然喜欢，全然接受的情愫，在胸中一丝丝荡漾开来，也许只需要几秒钟。爱上一个人是不需要努力的，努力的不是爱，是喜欢。

　　你全然不知爱会何时何地以何种方式降临。于千万年的时间荒野中，于亿万茫茫人海中，相见的方式也许是四目相视，也许只是优美文字的碰撞，也或许只是隔空天籁之音的交流。一个真正懂你的人出现在你的生命里，会让你感动莫名。不期然的一颗尘封许久的心怦然心动。心底最柔软的地方，一瞬间，洒满阳光。

　　爱是两个灵魂的相遇。就身体和灵魂来说，身体有身体的需求，灵魂有灵魂的渴望。身体有高低胖瘦美丑之分，灵魂也有高贵和卑微的区别。青春会逝去，身体会厌倦，但心灵却在日益成长。

169

心灵对心灵的渴望一刻都不曾停止。一个人对幸福的感受，最终来源于爱。有真爱，心灵才不会孤独。

《圣经》上说女人是男人身上的一根肋骨，真爱的感觉就是骨中骨，肉中肉。相爱的人彼此有清晰的感应。

灵魂的交流来自心底，也许不需要语言，你想的，他都懂。那种全然接受会让你忘记时空，巨大的幸福感犹如背后环抱着你，整个世界都在宠你，爱你。你甚至会滋生出卑微的情愫，再高傲的灵魂在真爱面前，也会低到尘埃里，因为，你好怕失去。

你的目光，一刻都不想飘移，因为，你寻找了一世。

如果爱，见与不见，爱就在那里，不增不减，不悲不喜。

2012 年 6 月 3 日

爱情

　　爱情很奇妙，总是在不经意间悄悄地来到。爱会让你坚硬的心变得柔软，像纤细的琴弦能被轻轻拨动，层层包裹的心灵深处，一瞬间柔情似水。每天你的心跳都合着大自然最美妙的旋律，充满芳华。那浓情蜜意、温香软玉、心心相依，美好得如天上的晨星稀有珍贵。莫名你的情绪会被左右着，一会儿哭，一会儿笑，像着了魔一样吃醋、发呆、思念、心会疼。爱是上帝赐予的礼物，不是给每个人，也会随时被收走。

　　一个灵魂完全被另一个灵魂所吸引，这样的机会，一生也不会很多，所以生命里出现值得你爱的人，就请好好珍惜。如果爱，请深爱。这个世界上对你好的人没几个，你能伤害的也仅仅是爱着你的人。在爱情里，忌讳冷战，因为你虽会赢得冷战，但你最终会失掉一个爱人。爱情不是游戏，没有赢家。唯有心交，才能心心相印。两性关系里先低头的人，不见得有错，不过是更珍惜这种情缘。道歉需要勇气，原谅则需要更高的境界。

即便有一天两人分开了，也需要善待对方。因为你的爱人，就是你的选择。否定对方，也就是否定自己。分开也许说明你们彼时没有能力经营好一段感情，但无论怎样要把最美好的祝福赠予对方，毕竟你们曾经相爱过。这样到老的时候，就会了无遗憾。人生不在于多友，而在于无仇。暮年回首，青春的岁月都是满满的、美好的回忆。

2013 年 6 月 9 日

关于婚姻

有位经济学家一直找不到女朋友，然后通过一系列复杂运算，推导出在这个星球上，能找到完全符合自己价值观的人的几率是1/28 万。这几乎判定为不可能，所以婚姻里两个人的包容心和宽容心就非常重要。在大的价值观相近的情况下，需要有容人之量，宽容大气更显人格的魅力。

出身有高低贵贱之分，但人格是平等的，相互尊重和欣赏是婚姻的基础。心怀感恩会让你的伴侣感觉很美好。哈佛有一堂著名的公开课，谈论什么是幸福？其中也谈到提高幸福基础水平的几个方面：积极心态、面对自己、懂得感恩。

佛家讲人和人之间的关系，就四种：报恩，报怨，还债，讨债。不幸婚姻大抵是后三者，幸福婚姻就是互相来报恩的。如果想幸福，让我们从现在起，心怀感恩，感恩对方出现在自己的生命里，因为他或她的出现，生活才变得如此美好。

2011 年 1 月 14 日

前世今生

　　28 年前，美国耶鲁大学博士、著名心理医生布莱恩·魏斯在为女病人凯瑟林催眠治疗中，发现了生死轮回的秘密。苦思 8 年后，他顶着社会舆论的压力，冒着声名狼藉的风险，将其治疗过程写成《前世今生》一书。该书一面世，即连续 96 周雄踞美国佛罗里达州畅销书排行榜，旋即译成数十种文字，风靡全球！

　　根据书中揭示："生命是无尽的，我们不曾真的死去，也从未真的出生；我们都有必须偿还的债，要是没有还完，就得带着这些债到下一世去；在每一世，自己过的生活都是自己选的，要为自己负责；每件事在该来的时候就会来，人生是急不得的，不能像许多人希望的时间表一样，我们必须接受凡事来临的时间；我们可以选择何时来到肉体的状态，以及何时离开；我们知道何时目的算是完成了；我们知道什么时候是终点，接下来便是死亡。"

书中的内容的确无法去考察，如果是真实发生的，那么就是说灵魂的确存在。那灵魂是什么呢？大胆设想一下，也许是一种有记忆的能量，一种波。

为什么人会莫名其妙地烦躁，或者大脑的深处莫明地闪现一些人？也许在地球的某个角落，有人正在思念你，或者正在想你，或者怨恨你。当意志力集中的时候，这是一种能量，穿越时空。如果你的灵魂也是一种能量和波，自然你就能接受，并产生共振。这就是所谓的心电感应。

如果灵魂以一种能量和波的形式存在，自然有自己的波长或频率。在物理学中，波长或频率越是相近，波与波的共振才越大。那么在大千世界里，如果遇到和自己相近波长或频率的灵魂，共振就会越大，心跳就越会加速。这样就可以解释，在一群人中，为什么你只是对某类人，感到特别亲切，不止是外形，更重要的是被他或她散发出的一种独特的气质所吸引。这也可以解释为什么会有一见钟情，那必定是由两个相同波长或频率的灵魂相遇，强烈的共振让人窒息，让人相见恨晚。爱是不需要努力的，努力过的不是爱，是喜欢。

2010 年 11 月 27 日

第六感

在厨房做菜，头发似乎动了一下，我顺手摸了下头顶，没什么异常，但空气中有种怪怪的感觉，非常强烈，心底有个声音告诉我，有个蟑螂在附近，回头一看，果然发现一只小强。天啊！厨房很干净，它是怎么跑进来的？

处理完小强，对刚才发生的一幕，感觉很神奇。这种第六感，真很神秘，既然眼睛没看到，就知道，那说明身体看到了。身体是怎么看到的呢？想起日本江本胜博士曾经做过一个非常著名的水实验。在不同河流、湖泊取水样品，然后贴上不同标签，在零下5摄氏度结晶，实验的结果非常令人震惊，贴有爱、感恩标签的结晶体都非常规则、漂亮；而贴有讨厌、仇恨标签的结晶体都很不规则、丑陋。无生命的水，竟然懂得人类文字的意义！！！

这一切是怎么发生的呢？大胆设想一下，如果用意念是一种能量波似乎能够解释这一现象。假设好的意念能创造规则和对称，坏的意念具有破坏力，那水在不同意念（文字）下，就有不同的结晶体，这样就可以解释江本胜博士的实验。想想人的面相，面善的人，通常心也善，高僧大德一般都慈眉善目；面恶的人，通常大多有这样或那样的心理问题，尤其罪犯，往往一脸横肉。还真的是这样，因为我们的身体大部分也是由水组成的！好的意念，会让我们心平气和，面相就规则对称，符合美学标准；而一个生活不如意的人，必定总是怨恨，心存恶念，面相就不规则不对称。这种能量波，不仅伤人，也伤己。人的面相会随时间而发生改变，美丽的可能会变丑，丑的可能会变柔和，这取决于多年来内在是什么心态。

任何的生命都有它的能量场，或者说能量波。再回头说小强，如果我的意念也是一种能量波，虽然没看到它，但波与波的相交会有共振，身体就感受到了它的能量场，而它也意识到了我意识到了它的存在，所以空气中就是怪怪的、紧张的氛围。

2011 年 3 月 3 日

179

云淡风轻

　　7 月的北京烈日炎炎，地表温度达 37 摄氏度到 38 摄氏度。但清晨或黄昏后位于北边的奥林匹克森林公园着实为一个好去处。不知名的草本科野花盛开着，清晨除过草的空气泛着草香，满眼透着碧绿。镶着白边的红色塑胶跑道一马平川，在绿树、草坪的掩映下格外抢眼，或笔直、或回旋，像流动的、奔放的音乐一泻千里，酣畅淋漓。深入腹地，这个季节，你可以看到盛开的百亩葵园。

　　每每至此园子，无论来时何种心境，走时内心都会一点一点变得柔和、美好起来。大自然确有神奇的一面，它以独特的韵律影响着人身体的节奏。在钢筋水泥的丛林里待得太久，人的内心就会像周围环境一样一点一点坚硬起来，封闭、狭隘、不包容。因为周围的气场是坚硬的。在官场、职场的人们鲜有超然度外、心态平和者。在名利场上稍有意见不合，往往睚眦必报。中年之戒在于斗，人们苦恼于斗，但往往又乐此不疲，甚至把这种斗带入生活，和相爱的人也要争个高下。作为宇宙的一份子，你处于什么样的气场，就会有什么样的心境。

如果你每天觉得不快乐，烦躁，想逃离，不想原谅别人，问问自己有多久没有亲近大自然了。佛说："放下。"无论人、事、权力，只有放下，才可真正的解脱。人生苦短，让我们享受每一个当下。

2013 年 7 月 5 日

你处于什么样的气场，就有什么样的心境

森林公园里的百亩葵园

后山

  后山原是一座农场，山下环山一圈是红色塑胶跑道。山上山下的道路两旁都是果树。山下的路旁有芒果树，间或有菠萝蜜。山上小径两旁除了芒果树，还有水葡萄、琵琶、山梨、李子，漫山遍野的山坡上，大面积种植的是荔枝树。零零散散的还有木瓜等各种知名或不知名的果树，据环卫工人讲，这里有上百种果树，所以这里又称百果园。

  深圳一年四季如春，这里不是开花就是结果。在果树成熟的季节，一场细雨之后，地上到处散落着成熟或未成熟的果实，犹如童话世界。

  除了各种果树，这里还有数不清的花草，或浓烈、或娇艳，绿树浓阴，山路百转起伏，一步一景。人们喜欢在这林间小道上散步。这里有一种沉静的气场，能快速让人安静下来。晨练时陪伴左右的还有各种早起的鸟儿，有时还能听到蛙鸣，更多的是各种宠物狗。在这里人们能见到半人高的巨型阿拉斯加雪橇犬，也能见到袖珍般巴掌大小的狐狸犬。

围绕这座山，开发商建了一座"城"——华侨城，山的一侧有零零散散的几栋楼盘，为这座"城"里的旧区，山的另一侧为这座"城"的新区。新区有一片人工湖，园区的建设整个照搬意大利的一座小镇。

通往旧区的一侧，山下连接了一个生态广场。下山的路有三处错落的池塘，构成两个人工瀑布。池塘上有木桥，紧贴着水面，走在上面，像是踩在木筏子上，感觉很特别。池塘里有不少可爱的鱼儿，这些鱼儿大多是周围的佛教徒买来在这里放生的。一路下山，池塘的水，变成小溪，汇集在山脚下一个大的池塘。离池塘不远处还有两个形态各异的喷泉。这是一套完美的水系统。

走完山路，有两个岔道。一路通往大王椰子林，20 米高的大王椰子林，像皇家卫队般整齐肃穆。椰子林旁有一大块空地，空地的对面，就是这座城的图书馆、体育馆、游泳池、网球场、羽毛球场、乒乓球场及大片的绿地。另一个岔道接下来就是一片弯弯曲曲的绿色竹林，竹林的尽头又有两个岔道，一处通往玻璃桥，一处通往 100 米的缓坡木桥，缓坡木桥的起始处是一片古老的榕树林，树干有四五米粗，细细密密的榕树须从 30 米高的空中垂下，在微风中轻轻飘荡，极像女人婀娜的裙缎。

木桥的一侧是五处桂花丛，每一丛大约由 20 多株高大的桂花树组成。每次经过都香气怡人。桂花丛之间有长条木凳，晨练的人们喜欢在这里听音乐，或者小憩。桥下是最后一处池塘，池塘边长满了芦苇。池塘的另一侧有几株硕大的榕树，浓阴匝地，直径长达四五十米宽，煞是好看。木桥的另一侧是一所操场，也许是全国最漂亮的操场，操场的周围由浓密高大的树丛围起，高达十几米，密密实实，围起一道绿墙，配上蓝天、白云、红色跑道，视野开阔，极养眼。

走过木桥，接下来是石子路，一处散落着几株宽大的榕树，一处道路的两旁尽是高大的木棉树。这个季节正是木棉盛开的季节。大红色、橙红色的花瓣散落一地，广东人会捡来煲水喝，据说甜甜的。

见到木棉花开，很少人不被打动。尤其想起舒婷那首著名的《致橡树》："我如果爱你……我必须是你近旁的一株木棉，作为树的形象和你站在一起。根，紧握在地下；叶，相触在云里……仿佛永远分离，却又终身相依。这才是伟大的爱情……"

这座"城"为人所称道的不只是园林，还有生活的便捷与舒适。这里有四条各具特色的食街、医院、小学、中学、大学、众多便利店、

众多便利店、MALL、艺术中心、移动、电信、银行……

就像每个人有人格一样，每个作品应该有自己的品格。构成城市基本元素的每个住宅小区、大楼应该有自己独特的气质。我常想如果城市的每个开发商，都像这座城的老板一样，有着卓越的视野，充满艺术和人文的情怀，不把赚钱看成唯一重要的事情，像珍视自己的名誉一样珍视自己的作品，精心打造每个家园，那，这样的城市该有多么漂亮，生活该有多么令人向往。

2013 年 3 月 3 日

《赛德克·巴莱》

　　《赛德克·巴莱》，是一部有灵魂和信仰的华语史诗级大片。完整版分上下两集，共四个小时，由执导轰动一时的《海角七号》的年轻台湾导演魏德圣执导。

　　这是一部反映台湾原住民原生态文化、部落仇杀及与日本殖民者文化冲突的故事，是一部纯男人的片子，画面充满原始的野蛮、血腥、彪悍与信仰。

　　四个小时看下来，一点不觉得累。绿油油茂密的森林，陡峭的灰色悬崖，飞流的瀑布溪水，落日的余晖彩霞和在其中跳跃闪烁的原住民，画面极唯美。原住民能歌善舞，动辄歌舞，舞蹈豪放。音乐悲怆，悠长有穿透力。几十首好听的原始部落的音乐，贯穿影片。这是一场视听的盛宴。为信仰而战，面对日军的飞机大炮，面对灭族的危险，一群原始部落视死如归的彩虹文化更是震撼你的心灵。

虽然原始野蛮，但你不得不由衷地向一群自由而不屈服的灵魂致敬。当下，还有多少人能守住做人的底线，做一个有血、有肉、有灵魂的、真正的人（赛德克·巴莱）。这部片子会让你想起2000年前燕赵大地慷慨悲歌，虽千万人吾往矣的侠士精神；会让你想起1000年前我宋代10万子民，战败后随少帝投海自尽的惨烈景象。那是一群崇尚自由，高贵的祖先之魂，

魏导是用心做事的导演，历时12年，动用2万演员，历尽艰险，完成了这部史诗般大片。文戏和武戏都很细腻，对历史的还原，比较真实客观。既不美化也不丑化，以独特的视角展示两种文明的冲突，头绪很多，但杂而不乱。战争杀戮的画面很多，野蛮、血腥、真实。每一个镜头魏导都极尽完美，充分展示导演驾驭不同复杂场景的深厚功力。

这部影片通过日本和原住民的文化冲突，同时提出了一个哲学思考：我们所谓的文明化进程是否是理所应当的？我们的文明如果没有给弱势者生活带来改变，只是让他们意识到自己有多么的贫穷，多么落后，更加自卑，更加压抑，那他们为什么要接受这种文明的改变？

有自由、高贵灵魂的人才能拍出震撼心灵的大片，做艺术的人如果过多地考虑商业，艺术必然大打折扣。大陆这些年的作品，有多少是有内涵和灵魂的作品，值得观众深思？

感谢魏导为观众展现了一部有灵魂和信仰的大片。有灵魂和信仰的人值得尊重，同样，一部有灵魂和信仰的大片值得推崇！

向魏导致敬！

2012 年 6 月 24 日

《风和日丽》

许久不看电视剧了，因为打开电视不是婆媳对立，就是职场战争，再就是宫廷权谋，充满了功利、自私、猥琐、狡诈和暴戾。尤其不喜欢清宫戏，一群人主子奴才、奴才主子的，不过宣扬了一些奴化思想。职场、官场充满了圆滑世故的保命哲学，那不是真正意义上的传统华夏文化。

翻开历史，从夏商周，到秦汉，到唐宋，那一个个鲜活的人物，无不是饱读诗书、讲究礼仪、具有风骨、重义轻利、顶天立地的英雄。传统意义的华夏文化，推崇的是儒、释、道，讲究君臣、父子之道。推崇的是修身、齐家、治国、平天下的情怀。

《风和日丽》是一部好看、难得的电视连续剧，它反映的是20世纪五六十年代，两代人悲欢离合的故事。这部电视剧之所以好看，是因为它唤起了国人正在逐渐失去的情感，如善良、悲悯、忏悔、真诚、胆色、平和、谦卑、敬畏、博爱。剧中人物对爱情的坚守，对友情的珍视，对父爱的向往，一切都是那么美好。

日剧和韩剧之所以好看，是因为日本醉心于我们的唐宋文化，韩国继承了我们明代的遗风。日剧、韩剧的共同特点都是唯美、隐忍、克制、真挚，这些都是我们华夏文化的本来面貌。

一部好看的作品，不止在于故事情节的好看，画面的华丽，也在于它的立意，为社会传播了什么思想和文化。

2012 年 6 月 14 日

《少年派的奇幻漂流》

　　每个成年人的心灵深处，都埋藏着一颗冒险的种子，怀揣着对未知世界的好奇和探索的冲动。李安导演根据加拿大作家扬·马特尔同名小说改编而成的《少年派的奇幻漂流》，用超凡的想象和超炫的 3D 技术为大家呈现了一场视觉和心灵的饕餮盛宴。

　　《少年派的奇幻漂流》讲述了一个少年和一只孟加拉老虎在海上漂流了 227 天的传奇故事。镜头下一个个难得一见的世界珍稀动物悉数登场，在 3D 技术特效下，观众如同走进纯真的童话世界，心中无比放松和喜悦。在海上 227 天的日日夜夜里，李安导演更是利用 3D 特效，为观众呈现了一个美轮美奂的世界：水天不分的绚烂彩霞，蓝色宝石一样的天空和海面，夜空下发出水晶荧光的海面、壮观的飞鱼群，巨大鲸鱼排山倒海般跃出水面，梦幻般的无人岛……

除了视觉上的强烈震撼，影片讲述少年派如何与一只孟加拉老虎的相处更是悬念迭起。作家扬·马特尔哲学毕业，所以作品里还充满了哲学思辨，人需不需要有信仰，该信仰谁。

影片的结尾颇出人意料，本是一部唯美、励志，带点哲学思考的影片，作者却通过少年派的口，为日本交通部保险调查员讲述了另外一个版本。其实在海上遇难的老虎是少年派，猩猩是妈妈，鬣狗是厨子，斑马是水手。一场动物间的厮杀立即变成人与人在绝境下的屠杀。这个版本一点也不唯美，相当的残酷和伤感。

我想起哈佛学校在一堂讨论法律公正课时，曾经讲述过的一个案例："一场海难后幸存的四个人，其中三个为了活下去吃掉了另外一个体弱多病的人。问这三个人是否犯了罪？"这里有一个延伸命题，任何人是否有权力为了一部分人的利益可以牺牲另一部分人的利益。

影片结尾提了个问题，你愿意相信哪个版本是真实的？好的影片就是这样，有视觉、听觉的享受，还有心灵的共鸣和思考。

佛家讲相由心生，你心中是美好的，你会相信第一个有上帝的版本；你心中是冷酷的，你就会相信第二个版本。

2012 年 12 月 3 日

《1942》

　　1942 年，爸爸三岁，那年几乎成了孤儿。爸爸对爷爷的记忆很少，只说当年爷爷远赴河南一带行医，本也是一大家子，红红火火的。不知怎么，偌大家业一下就垮了，说没，人就都没了。

　　看完冯小刚导演执导的 2012 年号称史诗级的历史大片《1942》，萦绕心头多年的问题终于迎刃而解。那一年，我们这个民族在河南大地上呈现了多么深重的灾难啊！二战时期臭名昭著的奥斯维辛集中营在 7 到 8 年的时间里杀害了 100 万犹太人，而 1942 年一年，河南大饥荒，就死了 300 万人，相当于三个奥斯维辛集中营。这么重大的历史事件，我之前竟一无所知！

　　感谢冯导和刘震云编剧以最大的诚意还原了部分真实的历史，让我们看到了一个苦难深重的民族，在内忧外患、天灾人祸中的挣扎，一个贪污腐化、不重视民生的政府怎样一点一点失去民心。历史不应该被忘记。

有几个镜头印象特别深刻：老东家一路千辛万苦，从河南北部的延津跋涉了233公里到达洛阳城外。听说政府要发放救济了，看门的士兵却说，洛阳不属于灾区。老东家一脸茫然地问："我怎样才能成为灾民呢？"士兵冷漠地说："逃往豫北和豫南。"

惩治贪官的镜头也颇意味深长。几个月后，政府开始赈灾，高调惩治贪官，组织示众枪毙。行刑官因围观的灾民不多，怕影响力不够，对当地组织者颇有不满。

河南省政府主席和蒋介石共餐，几次欲开口希望中央救济，都被一个个紧急战事、国际活动的汇报给吓住了。蒋问："听说河南受了灾，严重吗？"河南省政府主席竟张口结舌，咽咽吐沫："我们能克服。"

颇让人吃惊的是日本人为了收买人心，竟然使用了为灾民发放救济粮这一狠招，使得日军在河南境地攻城掠地，如入无人之地。

对于70年前，发生在河南大地，我们的同胞深陷惨绝人寰境地、饿殍遍野的悲惨事件，闻所未闻，没人提及，更别提反思。我想起在美国的街头看到过的一个个雕塑，不仅纪念本民族的英雄，甚至还看到过越战雕塑、华人劳工雕塑。看得出政府的导向，用意深远，让人们记住苦难，惊醒后人。

　　历史是一面镜子，在这里每个人都能或多或少地看到我们民族身上特有的冷漠，官场的作秀，百姓的逆来顺受。这是一部让人沉重、值得深思的电影。故事震撼，直达心灵深处。让我们看清自己，我们是谁？从哪里来？在充满娱乐精神的当下，这无疑是一部另类黑马，是一次对社会良心的集体拷问。

2012 年 11 月 30 日

参考资料

1. 司马迁　　　　　《史记》

2. 张京华　　　　　《燕赵文化》

3. 柴国柱　　　　　《邯郸成语典故》

4. 候延生　　　　　《邺城历史故事》

5. 王兴　　　　　　《赵国历史故事》

6. 王儒杰等　　　　《王姓族谱》乾隆庚戌续编本

7. 李约瑟　　　　　《中国科学技术史》

8. 脱脱等　　　　　《宋史》

9. 斯塔夫里阿诺斯　《全球通史》

10. 朱镕基　　　　　《朱镕基讲话》

11. 吴敬琏　　　　　《吴敬琏文集》

图书在版编目（ＣＩＰ）数据

他乡有爱 / 王华 著 . -- 北京 ：团结出版社,2014.6

ISBN 978-7-5126-2836-6

Ⅰ．①他… Ⅱ．①王… Ⅲ．①随笔－作品集－中国－当代
Ⅳ．① I267.1

中国版本图书馆 CIP 数据核字（2014）第 106406 号

责任编辑：　郑纪
封面设计：　曾璞
校　　对：　瑞丁客

出　　版：　团结出版社
　　　　　　（北京市东城区东皇城根南街 84 号　邮编：100006）
电　　话：　（010）　65228880　65244790（出版社）
　　　　　　（010）　65238766　85113874　65133603（发行部）
　　　　　　（010）　65133603（邮购）
网　　址：　http://www.tjpress.com
E － mail：　65244790@163.com　（出版社）
　　　　　　fx65133603@163.com　（发行部邮购）

经　　销：　全国新华书店
印　　刷：　北京楠萍印刷有限公司
开　　本：　170×240 毫米　　1 /16
印　　张：　13
印　　数：　5000
字　　数：　116 千字
版　　次：　2014 年　8 月　第 1 版
印　　次：　2014 年　8 月　第 1 次印刷
书　　号：　978-7-5126-2836-6/I.970
定　　价：　30.00 元